BEI GRIN MACHT SICH IHR
WISSEN BEZAHLT

- Wir veröffentlichen Ihre Hausarbeit,
  Bachelor- und Masterarbeit

- Ihr eigenes eBook und Buch -
  weltweit in allen wichtigen Shops

- Verdienen Sie an jedem Verkauf

Jetzt bei www.GRIN.com hochladen
und kostenlos publizieren

Ernst Probst

Superfrauen 13 - Mode und Kosmetik

GRIN Verlag

Bibliografische Information der Deutschen Nationalbibliothek:

Die Deutsche Bibliothek verzeichnet diese Publikation in der Deutschen National-
bibliografie; detaillierte bibliografische Daten sind im Internet über http://dnb.d-
nb.de/ abrufbar.

Dieses Werk sowie alle darin enthaltenen einzelnen Beiträge und Abbildungen
sind urheberrechtlich geschützt. Jede Verwertung, die nicht ausdrücklich vom
Urheberrechtsschutz zugelassen ist, bedarf der vorherigen Zustimmung des Verla-
ges. Das gilt insbesondere für Vervielfältigungen, Bearbeitungen, Übersetzungen,
Mikroverfilmungen, Auswertungen durch Datenbanken und für die Einspeicherung
und Verarbeitung in elektronische Systeme. Alle Rechte, auch die des auszugsweisen
Nachdrucks, der fotomechanischen Wiedergabe (einschließlich Mikrokopie) sowie
der Auswertung durch Datenbanken oder ähnliche Einrichtungen, vorbehalten.

Impressum:

Copyright © 2001 GRIN Verlag GmbH
Druck und Bindung: Books on Demand GmbH, Norderstedt Germany
ISBN: 978-3-640-39520-0

Dieses Buch bei GRIN:

http://www.grin.com/de/e-book/133851/superfrauen-13-mode-und-kosmetik

GRIN - Your knowledge has value

Der GRIN Verlag publiziert seit 1998 wissenschaftliche Arbeiten von Studenten, Hochschullehrern und anderen Akademikern als eBook und gedrucktes Buch. Die Verlagswebsite www.grin.com ist die ideale Plattform zur Veröffentlichung von Hausarbeiten, Abschlussarbeiten, wissenschaftlichen Aufsätzen, Dissertationen und Fachbüchern.

Besuchen Sie uns im Internet:

http://www.grin.com/

http://www.facebook.com/grincom

http://www.twitter.com/grin_com

Ernst Probst

Superfrauen 13 –
Mode
und Kosmetik

Jil Sander,
der erfolgreichsten deutschen Designerin,
und Laura Biagiotti,
der „Queen of Cashmere",
gewidmet

INHALT

Corinne Cobson – Jean Colonna – Michel Comte – André Corrèges – Sophie Dahl – Christian Dior – Domenico Dolce – Jacques Esterel – Louis Féraud – Ines de la Fressange – Stefano Gabbana – John Galliano – Jean-Paul Gaultier – Romeo Gigli – Hubert de Givenchy – Guccio Gucci – Daniel Hechter – Eva Herzigova – Tommy Hilfiger – Iman – Marc Jacobs – Wolfgang Joop – Milla Jovovich – Donna Karan – Rei Kawakubo – Kenzo – Calvin Klein – Heidi Klum – Christian Lacroix – Karl Lagerfeld – Jeanne Lanvin – Ted Lapidus – Ralph Lauren – Peter Lindbergh – Jennifer Lopez – Elle MacPherson – Alexander McQueen – Steven Meisel – Issey Miyake – Jean-Baptiste Mondino – Claude Montana – Popy Moreni – Hanae Mori – Kate Moss – Thierry Mugler – Karen Mulder – François Nars – Helmut Newton – Rifat Ozbek – Miuccia Prada – Emilio Pucci – Paco Rabanne – Nina Ricci – Rebecca Romijn –

Sonia Rykiel – Yves Saint-Laurent – Stephanie Seymour – Martine Sitbon – Anna Sui – Stella Tennant – Mario Testino – Nicola Trussardi – Christy Turlington – Emanuel Ungaro – Valentino – Gianni Versace – Diana Vreeland – Junya Wantanabe – Bruce Weber – Yohij Yamamoto – Valentin Yudashkin

DANK

Für Auskünfte, kritische Durchsicht von Texten (Anmerkung: Etwaige Fehler gehen zu Lasten des Verfassers), mancherlei Anregung, Diskussion und andere Arten der Hilfe danke ich herzlich:

Marietta Adrea,
Direktor Public Relations,
Chanel, Hamburg
Rolf-Ingo Behnke,
Diplom-Bibliothekar,
Stadtbibliothek Salzgitter
Ursula Brühl,
Marketing,
Elizabeth Arden
Handels GmbH, Düsseldorf
Werner Baumbauer,
Mackenrodt
Burda Verlagskoordination,
Redaktionsarchiv, München
Leïla Cahillane,
Firefly Corporation,
New York
Maria Stella Diana,
Laura Biagiotti,
Public Relation and Press,
Oberursel/Taunus

Britta Fehrmann,
Journalistin, Berlin
Maria Franic,
Kosmetik international Verlag
GmbH, Ki-online-Redaktion,
Baden-Baden
Sören Jeworek, Berlin
Jil Sander,
Designerin, Hamburg
Karl Lagerfeld,
Couturier, Paris
Laurence Marolleau,
Schiaparelli Paris
Amelie Müller,
Assistentin der Chefredaktion,
Vogue, München
Barbara Nelson,
Ex-Model, London
Bernd Neu, Archivar, Ingelheim
Doris Probst, Mainz-Kostheim
Sonja Probst, Journalistin,
Mainz
Stefan Probst, Mainz-Kostheim
Rex Pyle,
New York Public Library
Helma Schleif, Berlin
Dr. Moritz Graf Strachwitz,
Deutsches Adelsarchiv,
Marburg

VORWORT

Prinzessinnen und Kaiserinnen
im Reich der Mode und Kosmetik

Wie das Märchen von Aschenbrödel klingt der Lebenslauf von Elizabeth Arden: Anfangs gründete sie mit gepumptem Geld in New York einen kleinen Schönheitssalon, gegen Ende ihres Lebens galt sie als eine der erfolgreichsten Kosmetikerinnen Amerikas und besaß ein großes Unternehmen mit 220 Schönheitssalons in aller Welt.

Mit zwölf Cremedosen begann die Karriere von Helena Rubinstein. Sie schuf ein Kosmetikimperium mit 100 Niederlassungen in 14 Ländern und häufte ein Privatvermögen von mehr als 100 Millionen US-Dollar an. Der französische Künstler Jean Cocteau verlieh ihr den Ehrentitel „Kaiserin der Kosmetik".

Bescheiden fing auch Deutschlands bedeutendste Designerin an. Die ganze Jil Sander GmbH fand zunächst Platz unter einem Dach. In der Küche wurden die Schnitte zubereitet, im Bad standen die Fotokopiergeräte, das Wohnzimmer diente als Büro und im Schlafzimmer wartete die Kollektion auf den Versand.

Claudia Schiffer wollte als junges Mädchen kleiner sein und nicht „so eine Bohnenstange". Mit 14 gab sie sich im Urlaub als Mannequin aus, um Verehrer zu beeindrucken. Tatsächlich entdeckte man sie mit 17 in einer Diskothek und lud sie zu Probeaufnahmen nach Paris ein. Danach stieg sie zur „Modeprinzessin" auf.

Nachzulesen sind diese erstaunlichen Erfolgsgeschichten aus der Welt der Schönen und der Reichen im vorliegenden Taschenbuch „Superfrauen 13 – Mode und Kosmetik". Es präsentiert die Biographien zwölf berühmter Frauen in Wort und Bild und befasst sich auch mit ihrem Privatleben.

Ernst Probst

MODE

Laura Biagiotti

Die „Queen
of Cashmere"

Einer der größten Sterne am italienischen Modehimmel ist Laura Biagiotti. Ihr Name entwickelte sich in den 1970-er Jahren zu einem international renommierten Markenzeichen. Sie vertritt eine Modephilosophie, die vor allem auf tragbare Mode für die feminine Frau ausgerichtet ist. „Das Gefühl für ein Kleid ist heute von Schlichtheit und Bequemlichkeit charakterisiert", sagte sie. Wegen ihrer erlesenen Kaschmirkreationen gab ihr die renommierte amerikanische Tageszeitung „New York Times" den Ehrentitel „Queen of Cashmere".
Die Tochter des Managers Guiseppe Biagiotti und der Maßschneiderin Delia Soldaini wurde am 4. August 1943 in Rom geboren. Nach dem Verlassen der Schule studierte sie Archäologie und Literatur an der Universität Rom und wollte Archäologin werden. Nach drei Jahren brach sie ihr Studium jedoch ab, um ihre Mutter zu unterstützen, der die Arbeit im Modeatelier über den Kopf wuchs.
Im Team mit ihrer Mutter begeisterte sich Laura Biagiotti bald für das Modegeschäft. Sie saß nicht nur am Schneidertisch, sondern versuchte auch, den Kundenkreis – unter anderem in den USA – zu erweitern. Wichtig für ihre weitere Karriere in der Modebranche erwies sich ihre frühe Erkenntnis, dass die Zeit der maßgeschneiderten Kleider zu Ende ging und die Zukunft der Konfektion gehörte.

Die junge Maßschneiderin entwarf fortan selbst Kreationen und präsentierte 1972 in Florenz ihre erste eigene Kollektion, die sofort großen Anklang fand. Danach entwickelte sie für Frauen mit Übergrößen die Kollektion „Laurapiu" sowie die Kaschmir-Kollektionen „Laura Biagiotti cashmere" und „Mac-Pherson's Difusione".

Im Frühjahr 1986 wurden weltweit unter dem Slogan „la tentazione firmata" in den Schaufenstern von etwa 500 Geschäften erstmals „Laura Biagiotti Jeans" präsentiert. Ebenfalls 1986 führte sie die erste Kollektion „Laura Biagiotti Junior und Baby" mit Jeans und Sportbekleidung für die Altersgruppe der Ein- bis Fünfzehnjährigen sowie die erste Kollektion „Bears Bazaar" für junge Frauen, die fröhliche Teenager-Garderobe mögen, ein. 1987 zeigte Laura Biagiotti die erste Herrenkollektion „Biagiotti Uomo".

Der 25. April 1988 war in der Erfolgsgeschichte von Laura Biagiotti ein besonderer Tag: Dreißig Models aus der Volksrepublik China zeigten in Peking die bedeutendsten Kreationen aus der Laufbahn der italienischen Modeschöpferin. 125

Kleider erzählten die „Biagiotti-Story", die gleichzeitig eine Hommage an die edlen Materialien Kaschmir und Seide war. Heute zeigt Laura Biagiotti bei den internationalen Mailänder Modeschauen jährlich zwei Prêt-á-porter-Kollektionen mit einer unglaublichen Vielfalt an Stoffen sowie einer großen Auswahl an Accessoires wie Schale, Krawatten, Schuhen, Brillen, Schmuck Hand- und Reisetaschen. Für die Accessoires entwarf der Künstler René Gruau eine kleine hochschnellende Figur als Markenzeichen.

Die Prêt-á-porter-Kollektionen von Laura Biogiotti werden in ihren eigenen Werken in Rom und Pisa hergestellt. In ihren Fabrikationsstätten sind insgesamt etwa 150 Mitarbeiter beschäftigt.

Für viele Produkte hat Laura Biagiotti Lizenzen an renommierte Firmen vergeben: Parfums: Eurocos Cosmetic, Taschen: Gru. P. Italia spa Milano (in Deutschland über Rechtsteiner, München), Brillen: Visibilia Group Marghera (Venedig) über Visibilia, Toucher: H. M.&C Srl Lurate Cacivio (Como), Handtücher und Bettwäsche: R. C. Tessile Srl. Cairate (Va), Geschirr und Gläser: Desart San Marino (in Deutschland über Adornetto), Fliesen: Tagina Srl Gualdo Tadino (Pg), Accessoires: Pliko Srl Roma, Herren-Kollektion: Sanremo Moda uomo Spa Caerano di San Marco (Tv), Schuhe: Via Dante Srl Montegranaro (AP).

Laura Biagiotti ist eine der großen italienischen Duftdesignerinnen. Bereits 1982 führte sie ihr erstes Parfüm „Fiori Bianchi di Laura" ein. 1988 brachte sie den Erfolgsduft „Roma" auf den Markt. Die Form und zartrosa Farbe des Flakons und der Packung erinnern an charakteristische Marmorsäulen der „Ewigen Stadt". „Roma" entwickelte zu einem Klassiker unter den Kreationen. Es steht seit mehr als einem Jahrzehnt auf der Top Ten-Liste der Damenparfüms. 1990 folgten die Düfte „Biagiotti Uomo", 1992 „Venezia", 1994 „Roma Uomo" und „Laura" und 1995 „Venezia Uomo" und „Venezia Pastello".

In Deutschland war Laura Biagiotti 1987 mit 38 Direktverkäufern vertreten. Biagiotti-Exklusivgeschäfte existieren in Mailand, Rom, Florenz, Venedig, New York, Peking, Bangkok, Moskau und Berlin. In Rom bietet eine „Laura Biagiotti-Shopping-Gallery" außer Textilmode unter anderem auch Badezimmereinrichtungen, Accessoires und Lederwaren an.

Im Dezember 1997 erklärte Laura Biagiotti in einem Interview mit der Zeitung „Welt am Sonntag", sie finde es ganz schlimm, dass superdünne Models gerade „in" seien. Es gebe in Italien viele Mädchen, die ihnen nacheiferten und magersüchtig seien. Neben der gesundheitlichen Problematik finde sie verhungert aussehende, knochige Körper aus ästhetisch äußerst abstoßend. Diesen so genannten „Heroin-Chic", der bei vielen Modeschöpfern so gefragt sei, mache sie nicht mit.

Lebensgefährte Laura Biagiottis war der frühere Arzt Dr. Gianni Cigna (1937–1996). Er wirkte als Teilhaber und Präsident der „Biagiotti Export SpA". Die Modeschöpferin und Unternehmerin lebt in dem – von dem Stararchitekten Piero Pinto restaurierten – Renaissance-Palast „Castello Marco Simone" aus dem 16. Jahrhundert unweit von Rom.

Laura Biagiotti engagiert sich auch auf dem Gebiet der Kunst,

Kultur und Architektur. Sie unterstützt mit der Stiftung „Fondazione Biagiotti Cigna", die sie zur Erinnerung an ihren im August 1996 verstorbenen Ehemann gründete, junge Designer und unterhält die größte private Sammlung des futuristischen Malers Giacomo Balla. Außerdem fördert sie die Restauration der berühmten „Scala Cordonata del Campidoglio" in Rom und der 1536 von Michelangelo entworfenen Kapitoltreppe.

Für ihre langjährige Tätigkeit in der Modeschöpfung und ihren Beitrag zur Verbreitung des Labels „made in Italy" erhielt Laura Biagiotti 1987 vom italienischen Staatspräsidenten die Auszeichnung eines „Commendatore". Am 4. Dezember 1992 wählte man sie in Italien für ihren Beitrag zur Steigerung des Ansehens von „made in Italy" in der Welt zur „Frau des Jahres". In Peking wurde ihr 1993 für ihre Verdienste um das Ansehen der italienischen Mode in China der Preis „Marco Polo" verliehen. 1995 zeichnete man sie mit dem „Orden der Cavaliere del Lavoro" aus.

Seit 1997 unterstützt die 1975 geborene Tochter Lavina Biagiotti-Cigna ihre Mutter Laura Biogiotti im PR-Bereich des Unternehmens und bei den Vorbereitungen für Modeschauen. Damit setzt sie die Familientradition fort.

Naomi Campbell

Das Topmodel Englands

Großbritanniens bekanntestes Topmodel ist Naomi
Campbell. Sie machte eine
Traumkarriere in der Welt der
Mode und der Reklame und
arbeitete mit den größten Designern – wie Gianni Versace
(1946–1997), Jean Paul Gaultier
und Azzedine Alaïa sowie renommierten Fotografen – wie
Herb Ritts, Helmut Newton und
Ellen von Unwerth – zusammen.
1997 schätzte man das Jahreseinkommen der dunkelhäutigen
Schönheit auf umgerechnet etwa
drei Millionen Mark.
Naomi Campbell kam am 22.
Mai 1970 als uneheliche Tochter
der aus Jamaika stammenden
Tänzerin Valerie Morris in London zur Welt. Der Name des
leiblichen Vaters ist unbekannt.

Naomi wuchs zunächst bei ihrer
Großmutter und später bei ihrem Stiefvater auf. Als 14-
Jährige ging sie ohne Abschluss
von der Schule, später besuchte
sie die Londoner „Italia-Conti-
Schauspielschule".
Bereits im Alter von 15 Jahren
wurde Naomi Campbell von der
damaligen Leiterin der Londoner Modelagentur „Synchro",
Beth Boldt, beim Einkaufen in
„Covent Garden" entdeckt.
Schon der erste Agenturauftrag
führte sie in die USA. Weitere
Buchungen als Model folgten.
Ihre Figur – starke Schultern,
schmale Hüften, endlose Beine
– galt als ideal für die Mode der
1980-er Jahre. Hinzu kam ein
„panthergleicher Gang" auf
dem Laufsteg.

Über den Beginn ihrer Karriere als Model der Spitzenklasse erklärte Naomi Campbell später: „Hätte meine Mutter mich nicht gefördert, wäre ich heute noch Verkäuferin". Denn Valerie Morris hatte ihre Tochter auf eine Schauspielschule geschickt, weil sie deren Show-Talent früh erkannte.

Die Daten von Naomi Campbell sind: Größe 1,76 Meter, Gewicht 54 Kilogramm, Brustumfang 86,6, Taille 58,5, Hüfte 86,5 Zentimeter. Die Hamburger Wochenzeitung „Die Zeit" lobte, sie wirke vor der Kamera „kühl und edel", beklagte aber auch viele Allüren wie „Stutenbisse auf dem Laufsteg, Balgereien in Bars" und Unpünktlichkeit.

John Casablancas, der Chef der weltweit erfolgreichsten Model-Agentur „Elite", warf 1994 Naomi Campbell mit der Begründung raus, sie sei ein „verwöhntes, selbstsüchtiges Balg, eine gewinnsüchtige Person, die einmal ein paar hinter die Ohren braucht". Sie verpasste ihre Flüge, war böse zu jedermann und brachte seine Mitarbeiter zum Weinen. Danach wurde sie von der Top-Agentur „Ford" betreut, wechselte jedoch später zu „Elite" zurück.

Naomi Campbell war das erste farbige Topmodel, dem es gelang, auf der Titelseite der Modezeitschriften „Elle" (April 1986), „Vogue" (August 1988) und ähnlicher Gazeten abgebildet zu werden. Ihren ersten Roman „Swan" (1994), einen wilden Krimi, schrieb sie mit Hilfe der freiberuflichen Lektorin beim Londoner Verlag „Heinemann", Caroline Upcher. Dafür erhielt sie umgerechnet 230 000 Mark Honorar. Die Einnahmen für das Buch mit dem Titel „Naomi" (1996) mit Fotos von Herb Ritts, Steven Meisel, Richard Avedon, Ellen von Unwerth und Peter Lindbergh gingen an das „Rote Kreuz" für den „Somalia Relief Fund".

Im Dezember 1994 erschien Naomi Campbells erste CD „Babywoman". Der Song „La la la Lovesong" darauf mit dem japanischen Sänger Toshi wurde Nummer 1 in Japan.

Auch auf der Leinwand war Naomi Campbell zu sehen: Sie spielte in den Filmen „Miami Rhapsodie" (1995) mit Antonio Banderas und Mia Farrow, „Tödliche Umstände" (1996) und „Girl 6" (1996) mit Madonna mit. Fernsehrollen bekam sie unter anderem in „Der Prinz von

Bel Air" und „Bill Crosby Show". Außerdem wirkte sie bei Pop-Videos von Michael Jackson („In the Closet"), George Michael und Aretha Franklin mit.

Gemeinsam mit den Topmodels Claudia Schiffer und Elle Mac-Pherson eröffnete Naomi Campbell eine Reihe von „Fashion Cafés" in New York und anderen Metropolen der Erde. Unter ihrem Namen veröffentlichte sie eine Modekollektion.

In der „Regenbogenpresse" gilt Naomi Campbell als „Sammlerin gescheiterter Romanzen". Auf der Liste ihrer Ex-Liebhaber stehen unter anderem der schwarze Boxer Mike Tyson, der Filmstar Nobert de Niro, der Rockmusiker Adam Clayton von der Band „U2", der Modemillionär Luca Orlandi, der Flamencotänzer Joaquin Cortes und der italienische Playboy Francesco Cerami. Die deutsche Illustrierte „Bunte" bezeichnete sie als „Knallfrosch der Gefühle".

In einem Interview erklärte Naomi Campbell einmal: „Ich mag Männer, die wie Bullen sind. Mit unsicheren Leuten kann ich nicht umgehen. Wer eine unabhängige Frau wie mich haben will, muss stark und zupackend sein." Andererseits wurde sie in einer – nicht autorisierten Biographie – als unsicher, launisch und orientierungslos beschrieben.

Von Naomi Campbell ist der Ausspruch überliefert: „Für viele ist es schon ein Kompliment, wenn sie zu einem Model sagen: An was denkst du?" Damit fand sie in dem 1997 erschienenen „Buch der Dummheiten" Eingang, in dem der französische Journalist Jerome Duhamel Zitate bekannter Leute gesammelt hat.

Über ihre Mutter Valerie Morris, die sich selbst entschloss, auf dem Laufsteg Karriere zu machen, sagte Naomi Campbell: „Sie ist meine Mutter, meine Rivalin und mein Idol. Zwar sei sie von ihrer Mutter ziemlich streng erzogen worden, aber wenn es drauf angekommen sei, habe sie wie eine Löwin für sie gekämpft. Das rassige Topmodel kann auch im Londoner Wachsfigurenkabinett bestaunt werden.

Coco Chanel

Die „Königin
der Haute Couture"

Als „Hohepriesterin der Mode" und „Königin der Haute Couture" feierte man die französische Modeschöpferin Coco Chanel (1883–1971), die bürgerlich Gabrielle Chanel hieß. Weltweit bekannt wurden Cocos bortengesäumtes Chanel-Kostüm – kombiniert aus kurzem Rock, der eine Handbreit über dem Knie schwebte, Pullover und Jacke –, das „kleine Schwarze" – ein kurzes Kleid der Charlestone-Epoche – und das herb-süße Parfüm „Chanel Nummer 5".

Gabrielle Chanel kam am 19. August 1883 als zweite uneheliche Tochter des Hausierers Albert Chanel und seiner Geliebten Jeanne Devolle in dem Sevennen-Dorf Saumur an der Loire zur Welt. Ihr Vater heiratete ihre Mutter am 17. November 1884, als bereits das dritte Mädchen unterwegs war. 1889 und 1891 folgte jeweils ein Junge, wovon letzterer jedoch bald starb. Nach dem frühen Tod ihrer vermutlich einer Bronchitis erlegenen Mutter am 16. Februar 1895 wurde die elf Jahre alte Gabrielle Chanel, die bis dahin beim Verkauf von Wein und Kurzwaren auf der Straße geholfen hatte, völlig verwahrlost in das Waisenhaus eines Klosters von Obasine gebracht. Da die Schwestern der „Kongregation vom Heiligen Herzen Mariens" bereits ihr Abendessen eingenommen hatten, boten sie Gabrielle zwei schnell gekochte Eier an.

Mit knapp 18 Jahren wechselte Gabrielle Chanel in das „Pensionat Notre-Dame" der Stiftsdamen von „Saint Augustin" in Moulins am Allier. Dort erhielt sie zwei Jahre lang am Internat für minderbemittelte junge Mädchen Unterricht. Hierher kam seit ihrem zehnten Lebensjahr auch ihre etwa gleichaltrige Tante Adrienne Chanel.

Nach dem Verlassen des Pensionats arbeiteten die 20-jährige Gabrielle und Adrienne in der Garnisonsstadt Moulins am Allier als Verkäuferinnen in einem Spezialgeschäft für Aussteuer- und Babyartikel, wo beide bei ihrem Arbeitgeber in einem Zimmer wohnten. Außerdem führten sie für die Damen dieses Ortes Stichelarbeiten aus und fertigten Hüte an.

Zu ihrem Vornamen „Coco" kam Gabrielle Chanel durch ihre Auftritte in der „Rotonde" von Moulins, dem Tingeltangel der Hauptstadt des französischen Departements Allier. Dort sang sie das rührende Chanson „Qui qu'a vu Çoco dans l' Trocadéro?". Deswegen nannte das Publikum, zu dem schmucke Offiziere des 10. Jägerregiments von Moulins gehörten, sie bald nur noch „la petite Coco".

Der gesellschaftliche Aufstieg von Gabrielle Chanel begann 1904, als sich Etienne Balsan (1880–1953), der Sohn eines Pariser Industriellen, der als Lehrgangsoffizier in Moulins diente, für sie interessierte. Er brachte ihr bei, wie man sich in der feinen Gesellschaft benimmt, und von ihm wurde sie schwanger, worauf sie eine Abtreibung vornehmen ließ. Coco lebte von 1906 bis 1910 mit Balsan in Royallieu zusammen. Einem Vorschlag von Etienne Balsan folgend, fertigte Gabrielle Chanel für Freundinnen anmutige Hüte an. Die von ihr kreierten Kopfbedeckungen trugen keine Straußenfedern, Tüll, Samtschleifen oder flatternde Bänder. Diese ungewohnte Schmucklosigkeit wurde von manchen Trägerinnen als Ausdruck einer neuen exzentrischen Modelaune geschätzt.

Durch ihren Liebhaber Etienne Balsan machte Coco Chanel 1909 die Bekanntschaft des britischen Bergwerksbesitzers Arthur („Boy") Capel (gest. 1919). Einige Tage später erwartete sie den Briten am Bahnhof von Pau. Bei einer Fahrt im Schlafwagen nach Paris wurde sie seine Geliebte. Capel bescheinigte Coco bei morgendlichen Ausritten, sie habe das Zeug zur

Geschäftsfrau und gab ihr eine Bürgschaft für einen Bankkredit, mit dem sie 1911 in Paris ihr erstes Modehaus eröffnete. 1914 kam ein Hutgeschäft in Deauville dazu. Während des Ersten Weltkrieges (1914–1918) blieben fast alle Modehäuser in Paris geschlossen, nur das von Coco Chanel nicht. Sie kaufte ballenweise Baumwolljersey und nähte daraus schlichte geradlinige Kleider ohne Rüschen, die bald die Welt der Mode revolutionieren sollten.

Nach dem Ersten Weltkrieg gelang Coco der eigentliche Durchbruch. Sie kreierte für Frauen den Kurzhaarschnitt („Bubikopf"), Pullover, kurze Röcke und Hosen. In den 1920-er Jahren entwarf sie die berühmten „Cardigan-Jacketts". Selbstbewusst sagte sie über sich: „Der Stil, das bin ich".

In Paris mietete Coco Chanel nach dem Ersten Weltkrieg zunächst das Haus Nummer 22 in der „Rue Cambon", später kamen die Häuser 27 bis 31 dazu. Die Geschäfte liefen bald so gut, dass sie in einem blauen „Rolls-Royce" fahren und manche ihrer vielen Liebhaber mit Geld unterstützen konnte. Zu den wenigen

Männern, die Coco Chanel wirklich geliebt hat, gehörte Hugh Richard Arthur Grosvenor, Herzog von Westminster (1879–1953), mit dem sie von 1924 bis 1933 liiert war. Der Adlige, einer der reichsten Männer Englands, hatte so manchen Spleen: Beispielsweise trank er morgens grünen Chartreuse (Kräuterlikör) und ließ sich von seinem Diener jeden Morgen die Schnürsenkel bügeln. Bei einer gemeinsamen Mittelmeerfahrt schenkte der Herzog Coco ein kostbares Halsgeschmeide, das sie zornig über Bord warf.

Der Herzog von Westminster wünschte sich von Coco Chanel sehnlichst einen Stammhalter. Aus diesem Grund testete die mittlerweile 41-Jährige mit ihrem blaublütigen Geliebten viele ausgefallene Stellungen beim Geschlechtsverkehr, die ihr eine Hebamme als besonders empfängnisfördernd empfohlen hatte. Nach jahrelangen ergebnislosen Versuchen – von Coco als „demütigende Gymnastik" empfunden – kehrte der Herzog nach England zurück.

1939 zog sich Coco Chanel von der Bühne der Pariser Haute Couture zurück. Sie lebte damals im Pariser Hotel „Ritz", auf dessen Dach nach der Besetzung Frankreichs durch die Deutschen die Hakenkreuzfahne wehte. Im „Ritz" war Coco schon vor dem Zweiten Weltkrieg der Deutsche Hans Günther von Dincklage (geb. 1896) begegnet, der ihr Geliebter wurde und dem man später die Kontrolle der französischen Textilindustrie anvertraute.

Während des Zweiten Weltkrieges war das „Modehaus Chanel" geschlossen. Coco Chanel verdankt ihr Comeback Marie Hélène van Zylen (gest. 1995), die ihr 1953 ihr neuestes Ballkleid vorführte. Coco fand dieses schrecklich, riss den Vorhang aus tiefrotem Taft herunter und machte aus dem Fetzen ein Ersatzkleid. Als Frau van Zylen diese abgeänderte Robe auf einem Ball trug, fragte man sie mehrfach, woher sie diese wunderbare Kreation habe.

Weil die Geschäfte mit Parfüm nicht mehr gut gingen, präsentierte Coco Chanel am 5. Februar 1954 nach 15-jähriger Pause wieder eine Kollektion. Die Kritiker äußerten sich über die unverändert elegante und schlichte Linie enttäuscht, doch die Kundinnen waren hellauf begeistert.

Als der Minirock aufkam, lehnte Coco Chanel dieses Kleidungsstück ab. Sie erklärte, dies sei eine schreckliche Epoche für alle Frauen, die nicht mehr ganz jung seien. Dem später kreierten Midirock sagte sie ein baldiges Ende voraus. Coco war ein auf Erfolg fixierter Workaholic und eine Perfektionistin, die auch noch auf dem Zenit ihrer Karriere jede Naht persönlich überprüfte. Wie viele Reiche, die als Kinder hungern mussten, hatte sie eine fast krankhafte Angst vor Armut.

Am 10. Januar 1971 starb Coco Chanel im Alter von 87 Jahren im Pariser Hotel „Ritz", wo sie seit Jahrzehnten eine Suite bewohnte. Zuvor hatte sie über Unwohlsein geklagt, worauf ein Zimmermädchen einen Arzt verständigte, der sie tot auffand.

An der Trauerfeier für Coco Chanel in der Pariser „Madelaine-Kirche" nahmen die Modeschöpfer Yves Saint-Laurent und André Courrèges, ihre Mannequins in Chanel-Kostümen und zahlreiche reiche Kundinnen teil. Der Sarg wurde nach dem Gottesdienst nach Lausanne (Schweiz) gebracht.

Nach Coco Chanels Tod übernahm der deutsche Modeschöpfer Karl Lagerfeld die Führung des Hauses Chanel. Heute werden die exklusiven Modelle von Mademoiselle Chanel weltweit in Boutiquen verkauft. Sie sind inzwischen auch für jene Frauen erschwinglich, die zu ihren Lebzeiten von einem Chanel-Kleid allenfalls zu träumen wagten.

Cindy Crawford

Das bekannteste Topmodel
der USA

Amerikas bekanntestes Topmodel ist Cindy Crawford. Auf dem Höhepunkt ihrer Popularität sah man ihr Konterfei in Hunderten von Magazinen und warb sie für viele Produkte. Insgesamt schmückte ihr Bild weltweit mehr als 2000 Titelseiten. Ihr Jahreseinkommen betrug 1997 umgerechnet 20 Millionen Mark. Noch mehr Geld als sie verdiente damals nur das deutsche Topmodel Claudia Schiffer.

Cindy Crawford wurde am 20. Februar 1966 in De Kalb (Illinois) geboren. Sie stammt aus einfachen Verhältnissen. Ihr Vater arbeitete als Elektriker und Glaser, ihre Mutter wochentags bei einer Bank und samstags als Verkäuferin in der Modebranche. Die Ehe der Eltern wurde später geschieden. Als Cindy zehn Jahre alt war, starb ihr vierjähriger Bruder Jeff an Leukämie.

Cindy Crawford begann nach dem Besuch der „De Kalb High School" ein Studium der Chemie an der „Nordwestern University" in Evanston (Illinois). Ursprünglich wollte sie Chemie-Ingenieurin werden, aber ihre Arbeit als Model während der ersten Semester verlief so erfolgreich, dass sie ihr Studium abbrach, um weiterhin diese Tätigkeit auszuüben.

Ihren ersten Modeljob übte Cindy Crawford für die amerikanische Kaufhauskette „Marshall Fields" aus. Fotos von ihr wurden in einer Chicagoer Tageszeitung veröffentlicht. Anfangs präsentierte sie BH's und man hänselte sie deswegen viel.

Den Durchbruch als Model schaffte Cindy Crawford im August 1986, als ihr Gesicht auf der Titelseite der amerikanischen Modezeitschrift „Vogue" erschien. Danach zierte sie mehr als 300 Mal als Covergirl zahlreiche renommierte Magazine in den USA und Europa und machte Werbung für alle möglichen Artikel. 1988 lichtete sie der Fotograf Herb Ritts für eine „Playboy"-Serie ab. 1989 unterschrieb sie einen Exklusivvertrag mit der Kosmetikfirma „Revlon" mit einer Laufzeit bis zu ihrem 30. Lebensjahr und Honoraren in Millionenhöhe.

Cindy Crawfords Popularität stieg durch die halbstündige TV-Show „House of Style" des Videoclip-Senders „MTV", die sie ab 1989 sechs Mal im Jahr und seit 1993 monatlich moderierte. Sie entmystifizierte das Rollenbild des Models und regte Diskussionen über wichtige Jugendthemen an. Einmal tröstete sie Mädchen und Frauen damit, ihr makelloses Aussehen auf Magazinfotos sei das zweistündige Werk von Stylisten und Visagisten. „Auch ich sehe, wenn ich morgens aufwache,

nicht aus wie Cindy Crawford", verriet sie.

Am 12. Dezember 1991 heiratete die 25-jährige Cindy Crawford den 42 Jahre alten amerikanischen Schauspieler Richard Gere, der damals als begehrtester Junggeselle Hollywoods galt. Die Ehe mit ihm hielt bis 1995.

1992 wurde Cindy Crawford auf dem Fitness-Markt aktiv, als sie das Video „Shape Your Body Workout" produzierte. Davon wurden mehr als zwei Millionen Exemplare verkauft. Ihre Fitness-Videos hat der bekannte New Yorker „Fitnessguru" Radu gestaltet.

Zusammen mit ihrer Freundin Claudia Schiffer und anderen beteiligte sich Cindy Crawford an der Restaurant-Kette „Fashion-Cafés" in New York und anderen Metropolen. Auf der Leinwand sah man Cindy in dem nicht sehr erfolgreichen Film „Fair Game" (1995).

Ab 1997 war der amerikanische Gastronom und Millionenerbe Rande Gerber der Lebensgefährte von Cindy Crawford. Er besitzt die berühmten „Whiskey Bars" in Los Angeles und New York sowie die „Sky Bar" in Los Angeles, die „Armani Cafes" an der Ost- und Westküste der USA

24

und die „Morgan Bars" im gleichnamigen New Yorker Hotel. Die Münchener Illustrierte „Bunte" berichtete, wie Rande Gerber die von ihm verehrte Cindy Crawford betörte: Er mietete die First Class eines Jets ganz für Cindy und sich, ließ in etwa 9000 Meter Höhe ihr Lieblingsgericht servieren und sagte zum Dessert mit gebackenen Barbie-Puppen: „Das sind die Babies, die ich von dir haben möchte". Sie sagte „Yeah", und es war geschehen. Laut offizieller Webseite von Cindy dagegen soll ihr Gerber in ihrem neuen Haus in Malibu (Los Angeles) den Heiratsantrag gemacht haben.

Im Mai 1998 gab Cindy Crawford ihrem Freund Rande Gerber im „Ocean Club", Paradise Island, auf den Bahamas ihr Ja-Wort. Während ihrer ersten Schwangerschaft hatte sie mehrere Auftritte in der beliebten Fernsehsendung „Good Morning America". Am 2. Juli 1999 brachte sie in einem Krankenhaus in Los Angeles den acht Pfund schweren Sohn Presley Walker zur Welt.

Nach ihrem Sohn wurde Cindy Crawfords Sendung „Presley's First Year" benannt, in der sie als Moderatorin fungierte. Zusammen mit Sonia Kashuk und Kathleen Boyes veröffentlichte sie ein Make up-Buch mit dem Titel „Basic Face".

Linda Evangelista

Das Topmodel aus Kanada

K anadas erfolgreichstes Topmodel ist Linda Evangelista. Obwohl sie nicht so viel Geld
wie ihre Konkurrentinnen, Claudia Schiffer und Cindy Crawford
scheffelte, verdiente sie allein
1997 immerhin umgerechnet
sechs Millionen Mark. Viel zi-
tiert ist ihr Ausspruch, den sie
genervt einem aufdringlichen
Journalisten sagte: „Für unter
10000 Dollar für ein Defilee
wälze ich mich morgens nicht
aus dem Bett."
Linda Evangelista kam am 10.
Mai 1965 in Saint Catharines
(Kanada) zur Welt. Ihr Großva-
ter war aus Cassino nördlich von
Neapel nach Kanada ausgewan-
dert und hatte zwei Jahre ge-
schuftet, bis er genug Geld
besaß, um seine Frau und die
vier Kinder per Schiff nachfol-

gen zu lassen. Der Vater arbeitete als Automechaniker bei „Ge-
neral Motors" und legte großen
Wert darauf, dass aus seinen drei
Kindern etwas wurde.
Bereits im Alter von zwölf
Jahren träumte Linda davon,
später einmal Model zu werden.
Da ihren Eltern der Besuch einer
Mannequin-Schule zu teuer war,
schickte die Mutter sie zu einem
preisgünstigerem Benimmkurs.
Dort brachte man Linda bei, wie
man in ein Auto ein- und
aussteigt, richtig geht, den Tisch
deckt und mit Menschen spricht.
Mit 13 Jahren posierte Linda für
die ersten Fotos und verdiente
100 Dollar im Monat. Von
diesem Geld kaufte sie sich
Modemagazine und ahmte die
darin veröffentlichten Posen ihrer Idole nach. Ihre Karriere

begann im Alter von 15 Jahren, als sie an der Wahl zur „Miss Teen Niagara Pageant" teilnahm. Obwohl sie sich nicht platzieren konnte, fiel sie einem Talentsucher der Modelagentur „Elite" in New York auf. Als 19-Jährige ging Linda Evangelista nach New York, wo sie sich bei Modelagenturen die Hacken ihrer einzigen „High heels" schief lief. Nachdem sie im ersten Monat 600 US-Dollar auf dem Konto hatte, dachte sie, jetzt habe sie es geschafft.

Dann ging sie nach Paris, wo sie anfangs wegen ihrer schmalen Augen als Jungmodel wenig gefragt war. Den Durchbruch schaffte sie erst nach dreijährigem Aufenthalt in Paris, als die französische Zeitschrift „Vogue" sie für Aufnahmen buchte und deren Chefredakteurin ihre Augenform zum Look erklärte.

In der Folgezeit stieg Linda Evangelista schnell in der Modewelt zum Topmodel auf. Ihre Fotos zierten bald weltweit die Titel- und Innenseiten renommierter Magazine. Sie präsentierte Produkte von Ralph Lauren, Chanel, Jil Sander, Chloe, Versace und Dolce et Gabanna, stand regelmäßig bei Modeschauen in Paris, Mailand und New York auf dem Laufsteg und warb für die Parfüms „YSL", „Opium", „Fiji", „Jil Sander #4" und „Red Door".

1992 heiratete die 27-jährige Linda Evangelista den 21 Jahre älteren Chef der französischen Modelagentur „Elite", Gerald Marie. Diese Beziehung endete bereits nach fünf Monaten in einem Desaster: Linda begegnete bei einem Fototermin dem 33-jährigen amerikanischen Schauspieler Kyle MacLachlan, der damals gerade im Begriff war, sich von der Schauspielerin Lara Flynn Boyle zu trennen, und zwischen beiden funkte es sofort.

Die verheiratete Linda forderte von ihrem Mann die Freiheit und erntete Verständnis: „Models sind wahnsinnig anspruchsvoll, vergessen darüber manchmal die Realität. Zu Hause vor dem Herd wäre sie unglücklich geworden. Einen schönen Vogel kann man nicht im Käfig halten." Danach lebte Linda Evangelista mit Kyle MacLachlan zusammen.

Im Februarheft 1994 stellte die deutschsprachige Ausgabe der Zeitschrift „Vogue" Linda Evangelista als den Traum vieler Männer und das Vorbild zahlreicher Frauen vor. In dem Beitrag hieß es, das in Los Angeles und in New York lebende Supermodel sei nicht nur schön, sondern auch mutig. Diverse Male habe sie ihren Look geändert und sei damit jedes Mal noch besser und teurer geworden.

Das Supermodel mit den Maßen 86–61–87 ließ 1987 auf seine lange Mähne den kurzen Männerschnitt folgen, zu dem ihm der deutsche Fotograf Peter Lindbergh riet. Nach der schwarzen Haarfarbe wechselte Linda zu Blond und Rot. Mitte der 1990-er Jahre trug sie ihr Haar knapp kinnlang und blond gesträhnt. Ob mit schwerem Moviestar-Make-up à la Ava Gardner (1922–1990) oder natürlich, sie blieb laut „Vogue" immer bella Linda!

Auf einer Blumenschau in Chelsea (Großbritannien) offenbarte die 1,76 Meter große und 55 Kilogramm schwere Linda Evangelista 1997 ein bis dahin gut gehütetes Geheimnis. Als sie bei dieser Gelegenheit eine luftigere Kreation als sonst trug, sah man seitlich auf Brusthöhe drei Narben, eine zehn Zentimeter lange und zwei kleinere. Sie stammen von einem chirurgischen Eingriff, den 1995 ein Lungenkollaps erforderte.

Der aus Deutschland stammende Modezar Karl Lagerfeld lehrte Linda Evangelista, sich niemals mit dem zufrieden zu geben, was man geschafft hat. Über ihn sagte sie, er sei ein Genie, fast ein Gott. Er könne so amüsant plaudern wie kein anderer. Man hänge an seinen Lippen, egal, ob er über die Modewelt und Monte Carlo klatsche oder einen in die Weisheiten des Konfuzius einführe.

Bei einem Interview mit der Münchener Illustrierten „Bunte" erklärte Linda Evangelista, sie habe keine Angst davor, dass ihre Schönheit eines Tages verschwinde. Das Alter habe für sie nichts Hässliches. Sie glaubt, dass ihr Leben besser und sinnlicher werde, je älter sie werde. Nur dumme Menschen fürchteten sich vor dem Alter.

Linda Evangelista liebt Tiere und züchtet englische Bulldoggen. In ihrer spärlichen Freizeit kocht sie gerne, arbeitet im Garten, fährt Ski und erfreut sich an Brettspielen. Sie trinkt gern Rotwein aus Italien, Chile und Kalifornien. Das Rauchen gab sie 1993 auf, nachdem sie zuvor bis zu 20 Zigaretten am Tag gequalmt hatte.

Bis zum Sommer 1998 waren

Linda Evangelista und Kyle MacLachlan ein Herz und eine Seele. Doch dann verliebte sich die 33-Jährige in den sechs Jahre jüngeren Fabien Barthez, den Torwart der französischen Fußballnationalelf. Die Presse spekulierte, ob dies nur ein Sommerflirt oder eine ernsthafte Verbindung sei.

Jil Sander

Die erfolgreichste
deutsche
Designerin

Deutschlands bedeutendste Designerin ist Jil Sander, eigentlich Heidemarie Jiline Sander. Sie hatte eine Vision und verwirklichte sie. Ihr Konzept: Weglassen! Ballast abwerfen! brachte der deutschen Mode international Anerkennung. Bereits 1978 zählte die japanische Zeitschrift „High Fashion" Sander zu den zwölf besten Designern der Welt. Sie selbst hat einmal gesagt: „Ich mache Mode für die Frau, die sich avantgardistisch kleidet, sich aber dennoch nicht verkleidet fühlen will".

Heidemarie Jiline Sander wurde am 27. November 1943 im Militärlazarett von Wesselburen/ Dithmarschen (Schleswig-Holstein) geboren. Ihren Vater erlebte das Mädchen kaum, die Mutter ließ sich scheiden und zog nach Hamburg. Dort machte Sander die Mittlere Reife. Anschließend wurde sie drei Jahre in Krefeld zur Textilingenieurin ausgebildet. Danach ging sie für zwei Jahre in die USA, studierte am University College in Los Angeles amerikanische Geschichte, Englisch und Formgebung. Außerdem war sie Mitarbeiterin der Frauen- und Modezeitschrift „Mc Calls".

Nach ihrer Rückkehr arbeitete Sander als Modejournalistin. Zunächst als Redakteurin bei der Frauenzeitschrift „Constanze", später leitete sie die Promotionabteilung des Hamburger Magazins „Petra".

Ferner betätigte sich Jil Sander als freie Stilistin und Stoffentwicklerin. Unter anderem schuf sie für den Chemiekonzern Hoechst eine Kollektion aus der neuen Faser Trevira. Mit den Honoraren solcher Aufträge und aus dem Verkaufserlös für ihren Porsche eröffnete sie mit 24 Jahren im Stadtteil Hamburg-Pöseldorf ihre erste Boutique. Nebenbei entwarf sie für Textilunternehmen, für Webereien erstellte sie Trend-Stoffkollektionen. Zudem war sie Beraterin eines Kaufhauskonzerns.

Mit dem Slogan „Gutes Design für wenig Geld" ging sie 1973 mit ihrer ersten eigenen Kollektion für Damenoberbekleidung (DOB) an die Öffentlichkeit. Knüller: ungefütterte Blazer. Produktionsprobleme jedoch verursachten einen herben Rückschlag. Ein Jahr später wagte sie einen zweiten Versuch unter dem Motto „Gutes Design, erstklassiges Material, höchste Qualität in der Verarbeitung" und war erfolgreich. Damals fand die ganze Jil Sander GmbH Platz unter einem Dach in der Magdalenenstraße. In der Küche wurden die Schnitte zubereitet, im Bad standen die Fotokopiergeräte, das Wohnzimmer diente als Büro und im Schlafzimmer wartete die Kollektion auf den Versand. 1977 präsentierte Jil

Sander in Paris und musste feststellen, dass die Zeit noch nicht reif war für ihre kompromisslose Mode.

Im gleichen Jahr hielt sie ihr Gesicht für die Werbung hin, als ihr erstes Parfum auf den Markt kam. „Woman pur" und „Men pur" waren die ersten Luxusparfums, die nicht in Frankreich hergestellt wurden. Sie waren leicht, modern, cool – und ein Hit. Auch der mattierte Flakon, diese kleine konstruktivistische Skulptur aus Kubus und Zylinder. Produktionspartner: die Firma Lancaster.

1983 setzte sich Sanders Mode mit über einem Dutzend Verkaufsstellen auf dem italienischen Markt durch. Zu diesem Zeitpunkt war sie auch schon in New York vertreten. Hinzu kamen exklusive „Jil Sander-Monobrand-Stores" in Paris, San Francisco, Montreal, Tokio, Seoul, Hongkong und Singapur. Ab 1989 stellte die Firma Goldpfeil in Lizenz die Jil Sander-Lederkollektion her. Brillen vervollständigten das Sortiment (mit Menrad und Alain Mikli).

1989 kaufte Jil Sander das Textilunternehmen Erlhoff in Ellerau bei Hamburg und verfügte somit über eine Produktionsstätte in Firmennähe. Im Juni 1989 wurde aus der Jil Sander GmbH eine Aktiengesellschaft. Im ersten Geschäftsjahr nach Börsengang erzielte das Modeunternehmen einen Gewinn von 26,4 Millionen Mark vor Ertragssteuern, also eine Bruttoumsatzrendite von 22,5 Prozent.

Durch die fortschreitende Internationalisierung der Firma stieg die Exportquote 1995 auf 52,1 Prozent. Jil Sander-Produkte wurden weltweit in nahezu 50 Jil Sander-Exklusivläden und in mehr als 250 Geschäften des In- und Auslandes angeboten.

1995 bildeten fünf Tochtergesellschaften den Jil Sander-Konzern. Die „Jil Sander Women's Wear GmbH" stellte im Werk Ellerau etwa ein Zehntel des Gesamtsortiments her. Die „Jil Sander Collection GmbH" war für die fünf firmeneigenen Geschäfte in Deutschlnand zuständig. Die „Jil Sander Paris S.a.r.l." betrieb den Pariser „Flagship-Store". Die „Jil Sander Italia Spa" leitete den Vertrieb in Südeuropa, steuerte und kontrollierte den Stoffeinkauf und koordinierte seit 1996 die Produktion der bahnbrechenden „Jil Sander-Männerkollektion". „Die Jil Sander America Inc." betreute den Vertrieb in Nord- und Südamerika.

Im Jahr 1999 machte Jil Sander mit 450 Mitarbeitern einen Umsatz von circa 220 Millionen Mark für Kleidung. Hinzu kamen weitere 120 Millionen Mark für Kosmetik.

Im August 1999 verkaufte die Designerin 75 Prozent der Stammaktien und 15 Prozent der stimmrechtlosen Vorzugsaktien an den italienischen Prada-Konzern. Sie behielt 25 Prozent der Stammaktien und blieb Vorstandsvorsitzende, räumte jedoch wegen Unstimmigkeiten mit Prada-Boss Patrizio Bertelli am 31. Januar 2000 den Chefsessel der Jil Sander AG.

Das Credo der zierlichen Modeschöpferin lautete von Anfang an: „Die reinste Form von Luxus ist die Reduktion". Überflüssiges Beiwerk lehnt sie ab. Sie selbst trägt am liebsten eine weiße Bluse oder einen Cashmerepullover und Hosen – schlicht, edel und elegant.

Jil Sander wurde mehrfach ausgezeichnet. Sie erhielt den „Goldenen Faden" (1980 und 1985), den „Modepreis der Stadt München" (1983), den „Couturier-Preis Paris" (1985) und in den USA den „Fashion Group

Award". Als Nachfolgerin des deutschen Modeschöpfers Karl Lagerfeld übernahm sie 1983 eine Gastprofessur an der Hochschule für angewandte Kunst in Wien.

Jil Sander reist gerne, unternimmt von ihrem Haus in Gstaad aus Bergwanderungen und hat auf ihrem Landsitz am Plöner See ihre Liebe zur Gartengestaltung entdeckt. Zwei weiße Villen an der Hamburger Außenalster dienen als Firmensitz und Privathaus. Der Firmensitz ist karg und hell, das Privathaus kostbar und dunkel eingerichtet. Freunde betonen den sanften Liebreiz, aber auch den eisernen Willen von Jil Sander. Richard Gruner, Mitbegründer des Verlagshauses Gruner+Jahr sagte nach einer Feier bewundernd, sie sei kühl, klug, freundlich, raffiniert und immer unglaublich.

Der frühere Chefredakteur der Zeitung „Welt am Sonntag", Claus Jacobi, beschrieb Jil Sander in einem „WamS"-Artikel als zäh wie eine Wildkatze und hart wie Nägel. Meistens erreiche sie, was sie wolle. Wen sie nicht um ihren hübschen Finger wickle, den ziehe sie notfalls über den Tisch. Sie sei eine tolle Frau.

Elsa Schiaparelli

Die berühmteste
Pariser Modeschöpferin

Die erfolgreichste Pariser Modeschöpferin der 1930-er Jahre war die aus Italien stammende Elsa Schiaparelli (1890–1973). Man rechnete sie zum leuchtenden „Dreigestirn der Haute Couture", zu dem außer ihr noch Christian Dior (1905–1957) und Jacques Fath (1912–1954) zählten. Sie erfand „Shocking-Pink" als Modefarbe, richtete die erste "Prêt-á-porter-Boutique" in Paris ein, schuf als Erste Abendkleider aus Cord und machte den Reißverschluss salonfähig.

Elsa Schiaparelli kam vermutlich am 10. September 1890 – nach anderen Angaben erst 1896 – als Tochter einer Gelehrtenfamilie in Rom zur Welt. Ihr Vater war Orientalist, ein Onkel Ägyptologe und ein anderer Astro-

nom. Am liebsten hielt sich Elsa während ihrer Kinderzeit in der elterlichen Bibliothek auf, in der sie sich mit Philosophie und Theologie beschäftigte. Nach dem Studium der Philosophie lebte Elsa Schiaparelli in den USA. In New York befreundete sie sich mit dem französischen Maler spanischer Abstammung, Francis Picabia (1879–1953), der während der 1920-er Jahre in Paris im Dadaismus führend war. Durch Picabia bekam Elsa Kontakte mit anderen Künstlern.

1914 heiratete Elsa Schiaparelli den polnischen Grafen William Wendt de Kerlor. 1920 brachte sie ihre Tochter Yvonne zur Welt, die „Gogo" gerufen wurde. Nach der Scheidung ihrer unglücklichen Ehe zog Elsa 1920 mit ihrem kleinen Kind und vielen Ideen nach Paris.

In der französischen Hauptstadt entwarf Elsa Schiaparelli für sich selbst einen schicken, schwarzen Pullover mit weißen Streifen und angestricktem Schal, der einer amerikanischen Einkäuferin so gut gefiel, dass sie 40 Exemplare davon orderte. Mit diesem Kleidungsstück, das erfolgreich in amerikanischen Kaufhäusern angeboten wurde, startete sie ihre Karriere als Modeschöpferin.

Madame Schiaparelli mietete zunächst eine Mansarde in der damaligen Modestraße „Rue de la Paix", dann einen Speicher und schließlich eine Bel Etage am „Place Vendôme" in Paris. 1928 trat sie in der Hierarchie der Haute Couture die Nachfolge des Modezaren Paul Poiret (1879–1944) an, der 1927 die Pforten seines Modehauses schloss und als armer Mann endete.

Wie Poiret liebte auch „Schiap" glühende Farben. Sie eröffnete die erste „Prêt-á-porter-Boutique" von Paris und bot dort neben ihrem Haute-Couture-Haus auch Konfektionsware zu weniger hohen Preisen an: Modeschmuck, Sweater, Tücher, kleine Reisekostüme, Hüte und Strandensembles.

Eine der ersten Kundinnen war die Bestseller-Autorin Anita Loos (1893–1981), die unter anderem das Buch „Gentlemen prefer Blondes" (1961) schrieb, und für sie in Hollywood Reklame machte. Bald gehörten auch die Filmschauspielerinnen Gloria Swanson (1899–1983), Joan Crawford (1908–1977), Norma Shearer (1900–1983), Marlene Dietrich (1901–1992) und Greta Garbo (1905–1990) zum Kundenkreis von Elsa Schiaparelli. Außerdem zog sie die junge Herzogin von Windsor und die Begum an.

In den 1930-er Jahren arbeiteten etwa 400 Angestellte für Elsa Schiaparelli, die als junge Modeschöpferin von dem amerikanischen Objektkünstler Man Ray (1890–1976) fotografiert wurde. Schon damals hatte sie ein modernes Gesicht mit kurzen Haaren und vollem Mund. Den „Jedermann-Stil" der Modeschöpferin Choco Chanel (1883–1971) kritisierte sie heftig.

Elsa Schiaparellis Kreationen wirkten auf das Publikum sensationell. Sie war bekannt für ihren mutigen Gebrauch von Farben, zu denen unter anderem ein schockierendes Pink gehörte. Außerdem gestaltete sie Reißverschlüsse und Knöpfe und kreierte abenteuerlich aussehende Hüte. Ihre surrealen Kopfbedeckungen besaßen die Form von Spinnweben, Soldatenmützen oder menschlichem Hirn. „Schiap", deren Hobby der Zirkus war, entwarf Seidentücher mit Zirkusmotiven und wurde durch glitzernde Clowns zu paillettenbestickten Abendkleidern inspiriert. Ihr Parfüm hieß nach ihrem schockierenden Rot „Shocking". Ihr gebührt auch die Ehre, den eleganten Haus-Pyjama, mit denen Madame zur blauen Stunde empfing, und die Abendhose erfunden zu haben.

Die größten Triumphe feierte Elsa Schiaparelli während der exaltierten Jahre vor dem Zweiten Weltkrieg. Damals zeigten ihre Entwürfe den Einfluss des Surrealismus auf die Mode. Sie arbeitete mit den berühmten spanischen Künstlern Pablo Picasso (1881–1973) und Salvador Dalí (1904–1989) zusammen. Als die Deutschen in Paris einmarschierten, setzte sich Elsa in die USA ab.

Ablehnend stand Elsa Schiaparelli der Gleichmacherei in Sachen Mode von Uniform-Look bis Unisex gegenüber. Ihr oberstes Gebot war es stets, eine Frau so anzuziehen, dass sie sehr sexy und ein bisschen „fatal" wirkte. Viele ihrer närrischen Mode-Einfälle wie Clowns, Elefanten, Pferde und Luftballons, auf Stoffe gedruckt, schwarze Strumpfhalter und Watteschultern, kehrten später in der Popmode wieder.

In Elsa Schiaparellis Memoiren „Shocking" (1954) heißt es unter anderem: „Vergessen wir nie, dass 20 von 100 Frauen Minderwertigkeitskomplexe und 70 von 100 Illusionen haben". Auerdem schrieb sie, die Mode entstehe aus Kleinigkeiten, Tendenzen oder politischen Ereignissen, aber niemals, indem man Kleider kürzer oder länger mache und Plissees, Putz oder andere Lappalien zu fabrizieren versuche.

Kleider zu entwerfen, das war nach Ansicht von Elsa Schiaparelli kein Beruf, sondern eine Kunst, die wegen der Schnelligkeit, mit der ein Entwurf aus der Mode kommt, extrem schwierig und frustrierend sei. Die Schöpfung müsse immer in die Zukunft gerichtet sein, erklärte sie, und ihre Zartheit erfordere sichere Führung, die mit dem Studium der Klassiker komme. Die neue Idee von Elsa Schiaparelli war immer die gleiche: Auswahl und Übereinstimmung von Kollegen mit außergewöhnlichen Talenten, der Inspiration und Begleitung dieser Elite hin zu einer Übersteigerung ihrer Fähigkeiten, neue Objekte von emotionalem Wert zu schaffen und zu produzieren.

1954 schloss Elsa Schiaparelli ihr renommiertes Haute-Couture-Haus in Paris, führte jedoch Parfüm und Lizenzen weiter. Danach zog sich die an Gefäßkrankheiten Leidende in ihr Palais in der „Rue de Berri" in Paris zurück, das einst einer Prinzessin und Nichte von Napoléon Bonaparte (1769–1821) gehört hatte.

Während ihrer letzten Lebensjahre hatte Elsa Schiaparelli nur mit wenigen engen Freunden Kontakt. Dazu gehörten der Modeschöpfer Hubert de Givenchy, der bei ihr lernte, Yves Saint-Laurent, Salvador Dalí, der verrückte Hüte und Schuhe für ihre Kollektionen entwarf, und Leonor Fini, die die berühmte Flasche mit Wespentaille für das Schiaparelli-Parfüm „Shocking" schuf. Außerdem freute sie sich über die Gesellschaft ihrer Enkelin Marisa Berenson, die als Fotomodell und Jet-Set-Girl Aufsehen erregte.

Im November 1973 starb Elsa Schiaparelli im Alter von vermutlich 83 Jahren in Paris. Der Couturier Yves Saint-Laurent sagte über sie, sie sei immer ihrer Zeit weit voraus gewesen. „Schiaps" Tochter heiratete in erster Ehe den italienischen Marquese di Giuliano, dem sie die Töchter Berinthya und Marisa gebar. Erstere vermählte sich mit dem Filmschauspieler Antony Perkins, Letztere war mit David Rothschild verlobt.

Claudia Schiffer

Die „Mode-Prinzessin"
aus Deutschland

Das erfolgreichste Topmodel der 1990-er Jahre war die Deutsche Claudia Schiffer. Ihr Jahreseinkommen lag deutlich höher als das aller ihrer Konkurrentinnen: Zeitweise verdiente sie das Anderthalbfache der Amerikanerin Cindy Crawford und mehr als drei Mal so viel wie die Kanadierin Linda Evangelista. Die deutsche „Modeprinzessin" zierte weltweit Titelseiten renommierter Zeitschriften, warb erfolgreich für viele Produkte und defilierte in Paris unnachahmlich auf dem Laufsteg.

Claudia Schiffer kam am 25. August 1970 als ältestes von vier Kindern des Rechtswalts Heinz Schiffer und seiner Frau Gudrun in Rheinberg bei Düsseldorf zur Welt. Ihre jüngeren Geschwister heißen Ann-Caroline, Stefan und Andreas. Sie hatte eine glückliche Kindheit und wurde katholisch erzogen. Die Mutter war immer für alle da, und der Vater spielte selbst dann noch mit den Kindern, wenn er spät und müde aus seiner Kanzlei nach Hause kehrte.

In der Grundschule liebte Claudia Schiffer jahrelang einen merklich kleineren Jungen namens Bernd. Sie besuchte in Rheinberg das „Amplonius-Gymnasium", wo sie als stille und zurückhaltende Schülerin galt, die um gute Noten bemüht war. Als junges Mädchen wollte sie immer kleiner sein und nicht „so eine Bohnenstange". In ihrer Freizeit spielte sie Tennis, erhielt sie Ballettunterricht und lernte sie Klavier spielen. Während eines Urlaubs im Haus der Eltern auf Mallorca gaben sich die 14-jährige Claudia und ihre beste Freundin Uta als 17 Jahre alte Zwillinge und Mannequins aus, um Verehrer zu beeindrucken. Beide glaubten bald selbst so fest an ihren Schwindel, dass es ihnen gegen Ende der Ferien schwer fiel, zuzugeben, dass alles nur ein Spiel war.

Die Modelkarriere Claudia Schiffers begann im Oktober 1987 in der Düsseldorfer Diskothek „Checkers", wo die 17-jährige blonde Schülerin von Michel Levaton, dem Chef der Pariser Agentur „Metropolitan", entdeckt und einige Wochen später nach Paris eingeladen wurde. Dort entstanden in einem Studio die ersten Probeaufnahmen und lernte Claudia ihre Agentin Aline Souliers kennen. Einige Wochen später bat Odile Sarron, die Casting-Chefin der französischen Zeitschrift „Elle", Claudia zur ersten Foto-Session nach Paris.

Nach dem Verlassen des Gymnasiums zog Claudia Schiffer nach Paris, um dort die französische Sprache zu lernen und als Model zu arbeiten. Ihre Eltern machten sich zu Hause ernste Sorgen, ob ihre Tochter den richtigen Beruf gewählt hatte. Claudia selbst wollte, wenn sie in der Welt der Mode nicht erfolgreich sein sollte, ein Jurastudium beginnen und Rechtsanwältin werden. Am Wochenende fuhr sie anfangs immer in ihr Elternhaus nach Rheinberg.

Der aus Deutschland stammenden Fotografin Ellen von Unwert verdankte Claudia Schiffer eine gigantische Werbekampage für die amerikanische Markenbekleidungsfirma „Guess": Paul Marciano, der Chef von „Guess", war von den Aufnahmen Claudias begeistert, die ihm die Fotografin gezeigt hatte. Kaum waren die Plakate fertig, wollten viele wissen, wer die darauf abgebildete Blondine sei. Ein Medienrummel ohnegleichen begann.

Durch Fotos, die Herb Ritts für die englische „Vogue" anfertigte, wurde der deutsche Modeschöpfer und Chef des Pariser Modehauses Chanel, Carl Lagerfeld, auf Claudia Schiffer aufmerksam. Nach ersten Aufnahmen für die Werbekampagne wünschte Lagerfeld, Claudia solle die Chanel-Kollektion vorführen. Diese geriet in Panik, weil sie sich für zu schüchtern hielt und nicht wusste, wie man sich auf dem Laufsteg bewegt. Doch das Defile wurde ein Riesenerfolg, und Clauda avancierte bald zur Pariser „Mode-Prinzessin".

1991 war Claudia Schiffer bereits das teuerste Fotomodel der Welt. Sie machte Werbung für Kosmetik („Revlon"), Frisuren („L'Oreal", „Wella"), Brillen („Fielmann"), Jeans, Parfüm („Guess") und Getränke („Fanta"). Allein der Vertrag mit dem Kosmetik-Konzern „Revlon" soll ihr angeblich zehn Millionen US-Dollar eingebracht haben. 1991 wirkte sie auch an der kostspieligen Fotoproduktion „Heldinnen der Weltgeschichte" des früheren deutschen Unternehmers und Playboys, Gunter Sachs, mit und posierte dafür unter anderem als Jeanne d'Arc (1412–1431). 1992 erschien erstmals der Kalender von Claudia Schiffer, dem weitere folgten.

Claudia Schiffer schmückte in den 1990-er Jahren zahlreiche Titelseiten von Zeitschriften in aller Welt. Sie war das erste Model auf den Titeln der Zeitschriften „Rolling Stone", „Vanity Fair" und „People Magazine" und zierte sogar die erste Seite der Tageszeitung „New York Times".

Die meisten Kritiker äußerten sich enthusiastisch über Claudia Schiffers Aussehen. Unter anderem hieß es, sie sei „schön bis zum Umfallen" und sie habe einen „Schmollmund zum Verrücktwerden". Im Sommer 1993 war die spanische Wochenzeitschrift „Interviu" innerhalb weniger Stunden ausverkauft, weil darin Clauda Schiffers nackter Busen bewundert werden konnte.

1993 schätzte man Claudia Schiffers Jahreseinkommen auf etwa zehn Millionen US-Dollar. 1997 berichtete das Hamburger Nachrichtenmagazin „Der Spiegel", sie sei mit einem Jahreseinkommen von rund 30 Millionen Mark in ihrer Branche die Spitzenverdienerin. Zum Vergleich: Der damalige Bundeskanzler Helmut Kohl verdiente im selben Jahr „nur" 350000 Mark.

Im März 1994 verlobte sich Claudia Schiffer mit dem amerikanischen Zauberkünstler David Copperfield, der als einer der reichsten Entertainer der Welt gilt. Diese Verbindung sorgte jahrelang für Schlagzeilen, verbunden mit der Frage: Heiraten die beiden endlich, oder war alles nur gespielt?

Wenn die 1,82 Meter große Claudia Schiffer nicht auf dem Laufsteg oder im Studio steht, benutzt sie kaum Schminke. Auf der Straße genügen ihr ein feiner Lidstrich und etwas Wimperntusche. Nur beim abendlichen Ausgehen trägt sie gerne viel Schwarz auf ihren Lidern und Wimpern.

In ihrer knappen Freizeit liest Claudia Schiffer gerne Bücher – am liebsten in der Originalsprache. Zum Schwimmen, Skifahren und Reiten kommt sie nur selten. Sie meidet Alkohol, Kaffee und Zigaretten, nascht jedoch gerne Schokolade. Manchmal isst sie alles, worauf sie gerade Lust hat. Dann aber kehrt sie rasch zu ihrer Fruchtsalat-Diät zurück, um ihr Idealgewicht von 57 Kilogramm halten zu können.

Der prächtige Fotoband „Claudia Schiffer ganz privat" (1994) schilderte die Karriere des deutschen Topmodels. Darin verriet Claudia, dass sie sich, als sie klein war, überhaupt nicht fotografieren lassen wollte und am liebsten in den Erdboden versunken wäre, wenn man sie bat, sie solle schön lächeln. Bilder von ihr konnte man auch im Fotobuch „Memories" und im „Schwarz-weiß Buch" mit Aufnahmen von Karl Lagerfeld bewundern.

1995 moderierte Claudia Schiffer das TV-Prominentenmagazin „Close UP". Ein Jahr später produzierte sie einige Fitness-Videos mit der Trainerin Kathy Kaehler. 1997 präsentierte sie eine Sommerkollektion für das „Versandhaus Otto".

Filmrollen hatte Claudia Schiffer in „Richy Rich – der reichste Junge der Welt" (1994) und in „The Black Out" (1998). In letzterem Streifen spielte sie an der Seite des durch den Streifen „Kevin allein zu Haus" bekannten Macauly Culkin eine Fitnesstrainerin.

Das „People Magazin" wählte Claudia Schiffer als eine der 25 schönsten Frauen der Welt. Im Pariser „Grevin Museum" ist ihre Wachsfigur die einzige, die einem Model gewidmet wurde.

1994 verlobte sich Claudia Schiffer mit dem Magier David Copperfield. Von ihm trennte sie sich 1999 offiziell. Zwei Monate später verlobte sich die 29-Jährige mit dem britischen

Geschäftsmann Tim Jeffries, der unter anderem eine Kunstgalerie in London besitzt und bereits mit den Topmodels Koo Stark und Elle MacPherson sowie mit dem Popstar Kylie Mingue befreundet war.

Im November 1999 kündigte Claudia Schiffer ihren Umzug nach London an. Dort erwarb sie für umgerechnet mehr als zwei Millionen Mark ein Apartement im eleganten Stadtteil Notting Hill, wo Tom Cruise, Nicole Kidman, Boris Becker, Julia Roberts und viele amerikanische Millionäre ihre Nachbarn sind.

„Twiggy"

Das erste Supermodel

Eines der bekanntesten Ge-
sichter der 1960-er Jahre
und zugleich das erste Supermodel war Britin Lesley Hornby.
Sie sorgte bereits im Alter von
16 Jahren unter dem Pseudonym
„Twiggy" international für Furo-
re. Ihren Künstlernamen verdankt sie der Tatsache, dass sie
so dünn wie ein Zweiglein
(englisch: „twig") war. Nie hatte
ein so dürres Model in der
Modewelt so viel Gewicht wie
sie.
Lesley Hornby kam am 19.
September 1950 im Londoner
Stadtteil Neasden zur Welt. Sie
war die jüngste von drei Töchtern des Tischlers William Hornby. Ihre Mutter Helen Hornby
arbeitete bei „Woolworth's" und
nähte gerne. Auch Lesley konnte
früh mit Nadel und Faden umgehen, betrieb Mode als Hobby
und hatte Freude daran, ihr
Äußeres zu verwandeln.
Im Alter von 15 Jahren wurde
Lesley Friseurlehrling in einem
Salon von Neasdon. Damals
erzählte sie einem jungen Mann
namens Justin de Villeneuve,
der von Frau und Kind ge-
trennt lebte, dass sie unbe-
dingt Fotomodell werden wolle.
Wenig später ging ihr Wunsch-
traum durch einen Zufall in
Erfüllung.
Und das kam so: 1966 fiel der
Journalistin Deirdee McSharry
in dem Friseursalon, in dem
Lesley Hornby arbeitete, ein
Foto von „Twiggy" auf, das dort
zu Reklamezwecken aufgehängt
war. Die spätere Chefredakteurin der Zeitschrift „Cosmopoli-
tan" interviewte das kurzhaarige

und superschlanke Mädchen sofort.

Kurz darauf wurde die mit ihrer neumodisch gestylten Bubikopffrisur einer Elfe ähnelnde Lesley Hornby auf einer Doppelseite der Londoner Zeitung „Daily Express" als „Das Gesicht des Jahres 1966" vorgestellt. Innerhalb weniger Tage war „Twiggy" in Großbritannien berühmt, ein halbes Jahr später in der ganzen Welt.

Als „Twiggys" Manager fungierte der erwähnte Justin de Villeneuve. Er hatte sich auf den ersten Blick in sie verliebt. Ohne ihn tat „Twiggy" keinen Schritt und sagte sie kein Wort. Justin de Villeneuve war der Sohn eines Maurers. Er arbeitete als Rummelplatzboxer, Pornofilmverkäufer, Rausschmeißer in einem Striplokal von Soho und Antiquitätenverkäufer, bevor er das süße, kleine, zarte und schöne Mädchen traf.

Die „Stuttgarter Zeitung" schrieb am 30. Dezember 1967 in einem Beitrag mit der Schlagzeile „Twiggy: Teurer Kleiderständer" über das sensationelle britische Karrierewunder: „Als der liebe Gott ‚Twiggy' schuf, muss er nur noch eine sehr abgenagte Rippe zur Hand gehabt haben. Oder aber, er wollte den Engländern mal zeigen, wohin sie mit ihrem ständigen Understatement kommen können. Wie anders soll man sich sonst diesen dürren Zweig (‚twig') am üppigen Baum des modernen Lebens erklären?"

Außerdem hieß es im selben Blatt über „Twiggy": „Obwohl sie nur ein Viertelfinale von einer Frau darstellt, wurde sie der höchstbezahlte Kleiderbügel der Couture. Über Nacht wurde ihr unterernährter Typ so gefragt, dass sie sich in Kürze ein eigenes Modeimperium schaffen konnte, innerhalb dessen sie allmählich zur Millionärin zu werden droht. Mit oben nichts und unten Mini, mit staksigen Beinen, eckigen Gliedern, mit Bürstenhaarschnitt, kindlichem Mund und übergroßen Kinderaugen schaffte sie den Traum aller Tweens (Mischung aus Teens und Twens) schnell berühmt und reich zu werden."

Als „Twiggy" die USA besuchte, war sie stets von Reportern umlagert. Während ihres Aufenthaltes in den Vereinigten Staaten entstanden die drei Dokumentationen „Twiggy in New York", „Twiggy in California" und „Twiggy Who?"

„Twiggy" eroberte auch die Leinwand und den Bildschirm. Sie feierte in dem Streifen „Popcorn" (1969) ihr Filmdebüt. Danach sah man sie in „The Boy Friend" (1971), „W" (1974), „There Goes the Bride" (1979), „The Blues Brothers" (1980), „The Doctor and the Devils" (1985), „Club Paradise" (1986), „The Little Match Girl" (1987), „Madame Sousatzka" (1988) und „Istanbul" (1989) im Kino. Für den Musicalfilm „The Boy Friend" wurde „Twiggy" 1972 mit zwei „Golden Globe" in den Kategorien „beste Newcomerin" und bester weiblicher „Musical-Star" ausgezeichnet. Dank ihrer überdurchschnittlichen Stimme konnte man sie außer in Musikfilmen auch auf etlichen Schallplatten hören.

Am 14. Juni 1977 heiratete „Twiggy" den Schauspieler Michael Witney. Aus dieser Ehe stammt die die 1978 geborene Tochter Carly. Nach dem Tod ihres ersten Gatten, der 1983 einer Herzattacke erlag, heiratete „Twiggy" den Schauspieler Leigh Lawson. 1996 schrieb sie erstmals ein Drehbuch. Heute führt sie ein unauffälliges Leben und steigt nur noch selten auf den Laufsteg.

Vivienne Westwood

Die Frau,
die die Punkrock-Mode schuf

Großbritanniens erfolgreichste Modeschöpferin ist Vivienne Westwood, geborene Vivienne Isabel Swire. Zusammen mit ihrem früheren Lebensgefährten Malcolm McLaren kreierte sie die Punkrock-Mode. Das Modeblatt „Women's Wear Daily" rechnete sie zu den sechs bedeutendsten Modeschöpfern der Welt. Andere Couturiers kopierten häufig ihre als „schrill, schräg und exzentrisch" geltenden Kreationen. Vivienne Isabel Swire kam am 8. April 1941 als ältestes von drei Kindern des Baumwollspinners und Kolonialwarenhändlers Gordon Swire in Glossop (Derbyshire) zur Welt. Das erste gemeinsame Haus der Eltern befand sich in Glossop zwischen Tintwistle, wo die Mutter Dora Bell gelebt, und Hollingworth, wo der Vater Gordon Swire gewohnt hatte. Viviennes Schwester Olga wurde 1944 geboren, ihr Bruder Gordon 1946.

1957 zog die Familie Swire nach Harrow, Nord-West-London, um dort Arbeit zu finden. Als Mädchen fand sich Vivienne Swire unattraktiv, sie war dicklich, trug Kleider von „C&A" und bunte Haarspangen aus dem Supermarkt. Aber sie glaubte immer daran, dass sie einmal etwas Besonderes leisten würde. Eigentlich wollte Vivienne Schriftstellerin werden, doch nach dem Schulbesuch entschloss sie sich zu einer Ausbildung als Grundschullehrerin.

Ende 1961 lernte die 20-jährige Vivienne Swire beim Tanzen einen selbstbewussten jungen Mann namens Derek John Westwood kennen, der ihre Liebe zum Rock'n'Roll teilte und ein flotter Tänzer war. Derek arbeitete als Werkzeugmacher-Lehrling in der Hoover-Fabrik und später als Steward bei der „British European Airways". Vivienne gab ihren Schreib-Job auf und unterrichtete als Primarschullehrerin in Willesden, Nord-London.

Am 21. Juli 1962 ließen sich die 21-jährige Vivienne Swire und der 26 Jahre alte Derek Westwood in der Kirche „St. John the Baptist" in Greenhill trauen. Eigentlich wollte Vivienne ihren Freund Derek gar nicht heiraten, sagte sie später, aber er sei solch ein süßer Kerl gewesen, und sie habe ihn nicht aufgeben wollen. Bei der Trauung trug Vivienne das von ihr selbst genähte Brautkleid. Am 3. September 1963 erblickte der Sohn Benjamin (Ben) Arthur das Licht der Welt. Obwohl Derek Westwood seine junge Frau Vivienne sehr liebte, fühlte sich diese gelangweilt und war unzufrieden mit ihrem in ruhigen Bahnen verlaufenden Leben. Sie trennte sich 1965 von

ihrem Mann und zog mit ihrem zweijährigen Sohn Ben zu ihren Eltern. Die Scheidung der ersten Ehe erfolgte ein Jahr später.

Bald darauf zog Vivienne mit ihrem Sohn in ein heruntergekommenes Haus in Südlondon, das ihr Bruder Gordon gemietet hatte und mit zwei weiteren Filmstudenten teilte. Einige Monate später stieß der Kunststudent Malcom Edwards dazu, der sich ab 1971 „McLaren" nannte und Viviennes neuer Lebensgefährte wurde. Aus dieser Verbindung ging am 30. November 1967 der Sohn Ferdinand Corre hervor.

Zusammen mit Malcolm McLaren und Patrick Casey gründete Vivienne Westwood im November 1971 in der Londoner „King's Road" ihre erste Boutique „Let it rock at Paradise Garage". Dort verkauften sie Klamotten für Teddyboys, deren sexistische und rassistische Tendenzen bald Viviennes Gerechtigkeitssinn verletzten. Die Drei schlossen das Geschäft und eröffneten im Frühjahr 1973 einen Laden, den sie zur Erinnerung an den frühen Tod des amerikanischen Filmschauspielers James Dean (1931–1955) „Too Fast To Live, Too Young To Die" nannten. Im Spätsommer 1974 hieß ihre Boutique „Sex" und bot Eotikwäsche und S&M-Artikel an. Später erhielt der Laden die Namen „Seditionaries" („Aufwiegler") und „World's End".

Vivienne Westwood kreierte und verkaufte Pailettenanzüge für Teddyboys, initiierte mit McLaren die Punkrock-Mode und den Piratenlook und entwarf die Sado-Maso-Garderobe für die Musiker der 1976 von McLaren gegründeten und gemanagten Band „Sex Pistols". Dabei erwies sich die Autodidaktin, die seit ihrer Teenagerzeit ihre Kleider selbst herstellte, immer mehr als wahre Künstlerin der Schnitttechnik.

1983 trennte sich Vivienne Westwood von ihrem Lebensgefährten Malcolm McLaren. Dieser hatte – laut dem Hamburger Nachrichtenmagazin „Der Spiegel" – „einerseits die Feinfühligkeit einer Kanonenkugel, musste andererseits aber immer darin bestätigt werden, dass selbst die geringste Kleinigkeit nicht ohne ihn erledigt werden konnte."

Auch ohne McLaren sorgte Vivienne Westwood immer wieder durch eigenwillige Modeschöpfungen für Aufsehen. Mit Vorliebe entdeckte sie Accessoires, Kleider und Schnittmuster des 18. und 19. Jahrhunderts wieder und passte sie der Moderne an. Bald war sie nicht mehr eine belächelte Außenseiterin, sondern eine geachtete Trendsetterin.

1990 leitete Vivienne Westwood an der Wiener „Hochschule für Angewandte Kunst" eine Modeklasse. 1990 und 1991 wählte man sie zur „Modedesignerin des Jahres". 1992 stellte sie in Paris ihre erste Prêt-á-porter-Kollektion vor.

Die englische Königin Elizabeth II. ernannte 1992 Vivienne Westwood zum „Officer of the British Empire". Als sich die solchermaßen geehrte Modeschöpferin in ihrem Kleid drehte, sah man, dass sie darunter keine Unterwäsche trug. Sie verriet „Ich trage schon seit Jahren keine Slips mehr. Einen habe ich noch, aber den ziehe ich nur zu Tweed an, weil der so scheuert."

1993 berief man Vivienne Westwood für fünf Jahre als Gastprofessorin für das Fachgebiet „Entwurf" im Studiengang Bekleidungsdesign an die „Berliner Hochschule der Künste" (HdK). Die Arbeit mit ihren Studenten macht ihr großen Spaß.

An 14. Mai 1992 schloss Vivienne Westwood ihre zweite Ehe mit dem 25 Jahre jüngeren Andreas Kronthaler, der in Wien zu ihren Studenten gehörte. Über ihn sagte sie 1994 in einem Interview mit dem Magazin der „Süddeutschen Zeitung": „Ich habe ihm das Rauchen beigebracht, und dann haben wir geheiratet, damit er bei mir bleibt, hier in England, und in diesem Jungen einmal der Mann erwacht: stark, gefährlich, geheimnisvoll, voller Verachtung für die Welt und Gottvertrauen in den eigenen Genius."

1998 lancierte Vivienne Westwood ihr erstes Parfüm: „Bou-doir". Ein Jahr später brachte sie zusammen mit „Filos" ihre erste Serie von Korrektur- und Sonnenbrillen heraus.

Als ihren besten Spruch betrachtete Vivienne Westwood den Satz: „Mode bedeutet, eventuell nackt zu sein." Für sie habe Mode etwas mit der menschlichen Fähigkeit zu tun, eine intime Beziehung zu haben. Man könne das Körperliche nicht vom Geist trennen. Deshalb sei ihre Mode auf angenehme Art erregend, erklärte sie im November 1999 in einem Interview mit der Zeitung „Welt am Sonntag".

KOSMETIK

Elizabeth Arden

Die Spitzenkosmetikerin
der USA

Eine der erfolgreichsten Kosmetikerinnen Amerikas war Elizabeth Arden (1891–1966), eigentlich Florence Nightingale Graham. Ihr Lebenslauf klingt wie das Märchen von Aschenbrödel. Zu Beginn ihrer Karriere als junge Geschäftsfrau gründete sie mit gepumptem Geld in New York einen kleinen Schönheitssalon. Gegen Ende ihres Lebens besaß sie ein großes Unternehmen mit insgesamt 220 Schönheitssalons in aller Welt.

Florence Nightingale Graham wurde am 31. Dezember 1891 als Tochter schottisch-englischer Einwanderer in Woodbridge bei Toronto in Kanada geboren. In Kanada erhielt sie auch ihre Erziehung und Schulbildung. Ins Berufsleben startete sie zunächst als Krankenschwester, später arbeitete sie als Bürokraft und zahnärztliche Helferin. 1908 zog die unternehmungslustige junge Frau nach New York in die USA, wo sie anfangs als Sekretärin und zuletzt in der Londoner Kosmetikfirma „Eleanor Adair" tätig war. Bei letzterer Firma erwarb sie die kosmetischen Kenntnisse, die für ihr weiteres Leben bedeutsam wurden.

Mit 6000 US-Dollar, die sie von ihrem Bruder lieh, eröffnete Florence Nightingale Graham 1910 zusammen mit Elizabeth Hubbard in New York einen kleinen Schönheitssalon, heute steht an dieser Stelle das siebenstöckige palastartige Arden-Gebäude. Als die Partnerschaft zwischen den beiden Frauen endete, führte Florence Nightingale Graham ab 1910 die Firma unter dem Namen „Elizabeth Arden" weiter. Das damals neuartige Unternehmen schlug so gut ein, dass Elizabeth Arden bald das geliehene Geld zurückzahlen konnte. Anfangs verkaufte sie vor allem Cremes und Gesichtswässer, die sie ab 1914 von eigenen Chemikern herstellen ließ. Später entwickelte sie eine Philosophie, die sie „the concept of total beauty" („Konzept der totalen Schönheit") nannte. Nach ihrer Auffassung war moderne Schönheit nicht ein geschickt aufgetragenes Make-up, sondern ein kluges Zusammenwirken mit der Natur, in dessen Rahmen es die besten Gaben einer Frau zu entwickeln gebe.

In Elizabeth Ardens Salons pflegte man nicht nur das Gesicht, sondern die ganze Frau. Ein Termin umfasste gymnastische Übungen, Dampfkabinett, Massage, Erneuerung der Frisur, Maniküre, Pediküre, ein neues Gesichts-Make-up und einen Lunch. Der Preis dafür – ohne Trinkgeld – betrug in den USA etwa 50 US-Dollar. Auf Wunsch war auch ein Paraffinbad möglich.

Außerdem konnten sich Kundinnen von Elizabeth Arden in eigens geschaffenen „Main Chance", Schönheitsfarmen in Mount Vernon (Maine) und Phoenix (Arizona), über einen längeren Zeitraum behandeln lassen. Dort gab es sorgfältig geplante Tagesabläufe und speziell zusammengestellte Speisekarten. Pro Woche berechnete man 750 US-Dollar.

1915 heiratete Elizabeth Arden ihren ersten Mann Thomas Jenkins Lewis (1875–1970). Ebenfalls 1915 eröffnete sie einen großen Salon in der New Yorker „Fifth Avenue", wenig später entstanden Zweigstellen in Washington und Boston. 1922 kam in der französischen Hauptstadt Paris der erste Schönheitssalon im Ausland dazu.

1935 wurde Elizabeth Ardens erste Ehe mit Thomas Jenkins Lewis geschieden. Danach schloss sie ihre zweite Ehe mit dem russischen Prinzen Michael Evanoff, die nicht viel mehr als ein Jahr hielt. Die Universität Syracuse im US-Bundesstaat New York verlieh ihr 1949 den juristischen Ehrendoktortitel.

In den 1960-er Jahren existierten schon mehr als 20 Arden-Salons in den USA und etwa 200 andere in aller Welt. Damals wurden etwa 300 verschiedene Kosmetikartikel hauptsächlich über Fachgeschäfte und anspruchsvollere Warenhäuser sowie teilweise über die Arden-Salons abgesetzt. Für ihre Schönheitsprodukte kreierte Elizabeth Arden selbst die Namen.

Außer ihrem Stammhaus in New York besaß Elizabeth Arden etliche kosmetische Fabriken in den USA und im Ausland sowie die zwei erwähnten Landgüter in Mount Vernon und Phoenix, auf denen sich Politikerinnen, Königinnen und Schauspielerinnen wochenlang ihrer Schönheits- und Körperpflege widmen konnten. In ihren Schönheitsfarmen wurden Diät, Sport, Haltungs- und Yoga-Übungen gelehrt. Weihnachten 1956 eröffnete sie in New York den ersten Schönheitssalon für Männer.

Gerne erzählte Elizabeth Arden ein Erlebnis mit einem Taxifahrer, der sie zu einer ihrer Fabriken chauffierte und ihr erklärte, seine Frau meine, es gebe gar keine Elizabeth Arden. Hinter diesem Namen verstecke sich in Wirklichkeit irgendein geschäftstüchtiger Mann.

Die größte Konkurrentin der Amerikanerin Elizabeth Arden war die aus Polen stammende Helena Rubinstein (1870–1965). Der wirtschaftliche Wettstreit der beiden Kosmetikerinnen gipfelte darin, dass die Amerikanerin 1938 der Polin den Geschäftsführer Harry Johnson abwarb und Frau Rubinstein 1939 den früheren Mann von Frau Arden, Thomas Jenkins Lewis, mit der Geschäftsführung betraute. Bei der Scheidung hatte Arden ihn entlassen und vertraglich vereinbart, er dürfe fünf Jahre lang nicht in einem anderen Kosmetikunternehmen tätig sein. 1939 war diese Frist abgelaufen, und Lewis ging zu Rubinstein.

Elizabeth Ardens großes Hobby war der Pferderennsport. Als Rennstallbesitzerin trug sie ihren Mädchennamen „Florence N. Graham". Ihr Rennstall galoppierte insgesamt 4 711 437 US-Dollar zusammen. Selbstbewusst sagte sie einmal über sich: „Es gibt nur eine mir vergleichbare Elizabeth, und das ist die Queen".

Am 18. Oktober 1966 erlag Elizabeth Arden im Alter von 75 Jahren in New York einem Herzanfall. Sie ist knapp anderthalb Jahre nach ihrer Rivalin Helena Rubinstein gestorben und hinterließ keine Kinder. Ihre nächsten Verwandten waren eine wurde, meinte, das Vermögen Schwester, eine Nichte und ein werde vor Steuerabzug mindestens 50 Millionen US-Dollar Nachlassregelung übertragen erreichen.

Helena Rubinstein

Die „Kaiserin
der Kosmetik"

D er Ruhm, die erfolgreichste
Kosmetikerin der Welt ge-
wesen zu sein, gebührt der
Unternehmerin Helena Rubinstein (vermutlich 1870–1965).
Ihre märchenhafte Karriere begann mit zwölf Cremedosen.
Nach ihrem Tod hinterließ sie
ein Kosmetikimperium mit 100
Niederlassungen in 14 Ländern
und etwa 30000 Beschäftigten
im Wert von 17,5 Millionen US-
Dollar sowie ein Privatvermögen von mehr als 100 Millionen
US-Dollar. Der französische
Künstler Jean Cocteau (1889–
1963) verlieh Madame Rubinstein den ehrenvollen Titel „Kaiserin der Kosmetik".
Helena Rubinstein kam vermutlich am 25. Dezember 1870 als
eine von sieben Töchtern des
Lebensmittelkaufmanns Horaz

Rubinstein in Krakau (Polen)
zur Welt, wo sie auch zur Schule
ging. Ihre Mutter erlaubte Hele-
ne und deren Schwestern keine
Schminke, achtete aber sehr auf
deren Teint. Sie sagte ihren
Kindern: „Das Gesicht muss
strahlen". Die Töchter der Familie Rubinstein pflegten ihre Haut
mit einer Creme, die Helena ihr
Leben lang benutzte.
Auf Wunsch des Vaters begann
Helena Rubinstein mit 18 Jahren
ein Medizinstudium in Krakau
und Zürich (Schweiz). Weil sie
kein Blut sehen und riechen
konnte, brach sie das Medizinstudium in Zürich ab. 1902
wanderte sie nach Queensland in
Australien aus, um bei einem
verwitweten Onkel als Kinder-
mädchen zu arbeiten. Auf dem
„Fünften Kontinent" wurde die

1,50 Meter große und mollige Polin wegen ihrer zarten weißen Haut von den durch Wind und Wetter gegerbten einheimischen Frauen beneidet.

Die wirtschaftliche Karriere von Helena Rubinstein begann mit zwölf Cremedosen, die sie bei der langen Reise von Polen nach Australien in ihrem Gepäck mitführte. Die Dosen enthielten eine von den Krakauer Gebrüdern Lykusky zusammengerührte Mixtur aus Kräutern, Mandelöl und Rinderfett, jene Creme die Helena – wie erwähnt – so sehr schätzte.

In Australien verwendete Helena Rubinstein ihre Cremedosen nicht nur für sich selbst, sondern gab einen Teil davon zunächst an Freundinnen und später auch an andere von Sonnenbrand geplagte Frauen ab, welche die Mixtur als kosmetisches Wundermittel empfanden. Sie bestellte Nachschub und verkaufte in Melbourne in ihrem 1902 eröffneten kleinen Kosmetiksalon „Helena Rubinstein, Beauty-Salon" die Mixtur, die sie „Creme Valaze" nannte.

Die erfolgreiche Kosmetikerin blieb nicht lange in Australien, sondern übergab zwei ihrer Schwestern ihr Geschäft in Mel-

bourne und kehrte nach Europa zurück. In Paris begann sie ein Studium bei einem der bekanntesten Hautärzte jener Zeit, dem Dermatologen Dr. Berthelot. Außerdem befasste sie sich mit Ernährungswissenschaft und Gesichtschirurgie. 1908 gründete sie in London-Mayfair einen Schönheitssalon, 1912 in Paris das „Maison de Beauté".

1907 heiratete Helena Rubinstein den aus Polen stammenden Journalisten Edward William Titus (1870–1952), der erfolgreich als ihr Werbemanager arbeitete. Aus der Ehe gingen 1909 der Sohn Roy Valentine und 1912 der Sohn Horace Gustav hervor. Titus gab unter anderem eine englische Literaturzeitschrift heraus und betrieb im Haus Rubinstein ein Privattheater.

Nach Ausbruch des Ersten Weltkrieges 1914 wanderte Helena Rubinstein in die USA aus. Dort gründete sie 1915 einen Schönheitssalon in New York und die „Helena Rubinstein Inc.". 1920 stellte sie ihre Marke „Helena Rubinstein" vor. Fortan trugen Tuben und Tiegel, deren Inhalt Schönheit versprach, diesen Namen. Ihr damaliger, von ihrem Mann erfundener Werbeslogan lautete: „Werde schön mit Helena".

Das Geschäft ihres Lebens glückte Helena Rubinstein kurz vor dem Finanzkrach der 1920er Jahre, als sie 1928 zwei Drittel der „Rubinstein Inc." für 7,3 Millionen US-Dollar an das Bankhaus „Lehman Brothers" verkaufte. Als die Wirtschaftskrise ihren tiefsten Punkt erreichte und auch das Bankhaus Lehman pleite machte, erwarb Helena 1929 den ganzen Komplex für nur 1,5 Millionen US-Dollar zurück.

Helena Rubinstein ging wieder nach Paris zurück und betrieb dort einen Salon, in dem es nicht nur um Kosmetik ging. Zu ihr kamen die Maler Henri Matisse (1869–1954), Amedeo Modigliani (1884–1920), Marc Chagall (1887–1985), Georges Braque (1882–1963) und Raoul Dufy (1877–1953), die Schriftsteller David Herbert Lawrence (1885–1930), William Faulkner (1897–1962) und Ernest Hemingway (1899–1961) sowie der Pianist Arthur Rubinstein (1886–1982), der trotz des gleichen Namens nicht mit ihr verwandt war.

1937 wurde Helena Rubinsteins erste Ehe mit Edward William Titus geschieden. 1938 wechselte ihr Generalmanager Harry Johnson zur Konkurrentin Elizabeth Arden (1891–1966). Ein Jahr später rächte sich die Rubinstein, indem sie Ardens Ex-Mann und Generalmanager Thomas Jenkins Lewis (1875–1970) anheuerte.

1938 ehelichte Helena Rubinstein den merklich jüngeren georgischen Prinzen Artchil Gourielli-Techkonia (1897–1955). Unweit von New York errichtete sie 1953 eine der größten Fabriken, die je von einer Frau geschaffen wurde. Bald besaß sie weitere Fabriken in Großbritannien, Frankreich, Deutschland, der Schweiz, Italien, Israel, Australien, Japan, Kanada und Südamerika.

Als Helena Rubinstein 1955 in Paris die Nachricht vom Tod ihres zweiten Gatten erhielt, schneuzte sie in ihr seidenes Betttuch und entschied, nicht zur Beerdigung nach New York zu fliegen. „Er ist tot, warum das viele Geld verschwenden?", sagte sie zu ihrem Sekretär Patrick O'Higgins. Viele Stunden später telegraphierte sie zum halben Nachttarif: „Zu krank, um zu reisen".

Einerseits glänzte und protzte

Helena Rubinstein mit ihrem Reichtum, andererseits war sie anderen gegenüber sehr geizig. Kleinodien, Kunstwerke und Schmuckstücke erwarb sie bar im Dutzend und mit einem Drittel Mengenrabatt, auf den sie nur selten widerwillig verzichtete. Ihre Garderobe bestand größtenteils aus Kleidungsstücken, die ihre Kammerzofe nach Vorbildern der Pariser Haute Couture kopierte. Der Künstler Salvador Dalí (1904–1989) meinte über sie: „Der Abstand, der die Irre von Chaillot von Helena Rubinstein trennte, war gewiss nicht größer als die Breite eines Hutes".

Bei Interviews empfahl Helena Rubinstein, das beste, was eine Frau für ihre Schönheit tun könne, seien anderthalb Stunden Mittagsschlaf. Außerdem sollte eine Frau niemals vergessen, sich gerade zu halten. Ein grader Rücken sei das Zeichen für gute Erziehung. Außerdem sagte sie, die Frauen würden nicht alle an Verstopfung und daher welker Haut leiden, wenn sie mehr laufen würden. Schönheit könne nicht von außen kommen, nicht vom Make-up, das man auflege. Schönheit sei harte Arbeit. Bei einem Interview hatte sie einmal den Mut, zuzugeben, dass sie selbst nur Wasser und Seife benütze.

Der Ablauf der Produktion im Kosmetikimperium von Helena Rubinstein, die in ihren besten Zeiten jährlich umgerechnet eine halbe Milliarde Mark Umsatz erzielte, war gut durchrationalisiert. Der gesamte Bedarf von Creme, Lotion und Wässerchen für Frankreich, Skandinavien und die Beneluxländer wurde bereits 1964 von nur vier Arbeitskräften in mächtigen Kupferkesseln gekocht. Den Puder für diesen riesigen Verbrauchermarkt produzierte ein Maschinensystem mit einer einzigen Bedienungskraft.

Als Unternehmerin beschritt Helena Rubinstein oft neue Wege: Designer und Künstler entwarfen für sie Flacons und aufwendige Verpackungen. Schriftsteller texteten für sie Werbeanzeigen, Prospekte und das hauseigene Magazin. Namhafte Architekten schufen ihre Schönheitssalons, die sich den Besucherinnen als wahre „Tempel der Kunst" präsentierten.

Helena Rubinstein machte sich als Förderin der Künste verdient. Sie gab Gemälde in Auftrag, wurde selbst von 50 Malern porträtiert, sammelte Kunstwerke, antike Miniaturmöbel, Gläser und Schmuck. Außerdem stiftete sie Reisestipendien an Künstler und einen Kunstpreis in Frankreich, veranstaltete Kunstwettbewerbe, richtete einen Fonds zur Unterstützung von Kunststudenten ein, ließ in Tel Aviv ein Museum für Moderne Kunst, den „Helena-Rubinstein-Pavillon", erbauen, und organisierte Ausstellungen für unbekannte Maler.

Auch als Mäzenatin für die Wissenschaft tat sich Helena Rubinstein hervor: Sie richtete einen „Lehrstuhl für Chemie" an der Universität von Massachusetts ein, gründete 1953 die „Helena Rubinstein-Foundation", die Wissenschaftlerinnen fördert und seit 1998 mit Unterstützung der „United Nations Educational, Scientific and Cultural Organization" (UNESCO) alljährlich den mit je 20 000 US-Dollar dotierten „Helena-Rubinstein-Preis" an vier Forscherinnen vergibt.

„Madame sprach keine Sprache sehr gut – Englisch, Französisch, Jiddisch, selbst Polnisch –, aber das hinderte sie nicht, genial zu sein", sagte ein Freund von Helena Rubinstein. Über Mitmenschen redete sie oft mit Verzicht auf deren Familiennamen. Statt dessen sprach sie von „dem Mann, dem die Frau starb" oder von „dem, der immer mit dem Schirm kommt". Dies tat sie, weil sie sich keinen Namen merken konnte.

Selbst im hohen Alter war die Haut von Helena Rubinstein noch glatt und gepflegt. Sie betrieb regelmäßig Gymnastik und Körperpflege, um für ihre Arbeit fit zu sein. Mit zunehmendem Alter interessierte sie sich nur noch für Düfte. Auf der Suche nach neuen Duftkomponenten unternahm sie weite Reisen.

Am 1. April 1965 starb Helena Rubinstein, deren genaues Alter nicht bekannt ist, in einem New Yorker Krankenhaus. Noch am Vortag ihres Todes hatte sie am Schreibtisch ihrer New Yorker Kommandozentrale gesessen. Sie hinterließ ihren Erben Häuser, Schmuck, Gemälde und ein Kosmetikimperium. Ihr Testament umfasste 121 Einzelerbschaften. Den größten Teil erbte die Gesundheitsfürsorge, weil sie es bedauerte, nicht Ärztin geworden zu sein und Kosmetik nicht zur Medizin fortentwickeln zu können.

GROSSE NAMEN IN DER WELT
DER MODE

Azzedine Alaïa
tunesischer Modedesigner
geboren 1951
in Tunesien

Cristóbal Balenciaga
spanischer Modeschöpfer
geboren am 21. Januar 1895
in Guetaria bei San Sebastian
gestorben am 23. März 1972
in Valencia

Giorgio Armani
italienischer Modeschöpfer
geboren am 11. Juli 1934
in Piacenza

Pierre Balmain
französischer Modeschöpfer
geboren am 18. Mai 1914
in Saint Jean de Maurienne
(Savoyen)
gestorben am 29. Juni 1982
in Neuilly-sur-Seine

Nadja Auermann
deutsches Model
geboren am 19. März 1971
in Berlin

Tyra Banks
amerikanisches Model
geboren am 4. Dezember 1973
in Los Angeles

Xuly Bët
(Kouyaté Lamine Badian)
geboren am 28. Dezember 1962
in Bamako
(Mali)

Giselle Bündchen
brasilianisches Model
mit deutschen Vorfahren
geboren am 20. Juli 1980
in Brasilien

Dirk Bikkembergs
deutscher Modeschöpfer
geboren 1959
in Köln

Esther Cañadas
spanisches Model
geboren am 1. März 1977
in Alicante
(Spanien)

Sônia Bogner
deutsch-brasilianische
Modedesignerin
Chefdesignerin
der Damenkollektion
geboren am 5. August 1950
in Rio de Janeiro

Pierre Cardin
französischer Modeschöpfer
geboren am 7. Juli 1922
in Sant' Andrea di Barbarena
(heute San Biago di Callatata
bei Treviso)

Barbara Bui
französische Modeschöpferin
geboren 1956
in Frankreich

Laetitia Casta
französisches Model
geboren am 11. Mai 1978
in Pont Audemer
(Normandie)

Jean-Charles de Castelbajac
französischer Modeschöpfer
geboren 1949
in Casablanca
(Marokko)

Jean Colonna
französischer Modeschöpfer
geboren 1955
in Oran
(Algerien)

Helena Christensen
dänisches Model
geboren 1968
in Dänemark

Michel Comte
schweizerischer
Modefotograf
geboren am 19. Februar 1954
in Zürich

Suzanne Clements
britische Modeschöpferin
geboren 1969

André Courrèges
französischer Modeschöpfer
geboren am 3. September 1923
in Pau (Frankreich)

Corinne Cobson
französische Designerin
geboren 1960
in Paris

Sophie Dahl
britisches Model
geboren
am 15. September 1979

Christian Dior
französischer Modeschöpfer
geboren am 21. Januar 1905
in Granville (Frankreich)
gestorben am 24. Oktober 1957
in Monte catini Terme

Ines de la Fressange
(Inès Marie Laetitia Eglantine
de Seignard de la Fressange)
französische Modeschöpferin
geboren am 11. August 1957

Domenico Dolce
italienischer Designer
geboren am 13. August 1958
in Polizzi Generosa
bei Palermo (Sizilien)

Stefano Gabbana
italienischer Designer
geboren 1962
in Mailand

Jacques Esterel
französischer Modeschöpfer
geboren 1914
gestorben 1974

John Galliano
britscher Modeschöpfer
geboren 1960
auf Gibraltar

Louis Féraud
französischer Modeschöpfer
geboren 1920
in Arles (Frankreich)
gestorben am 28. Dezember
1999 in Paris

Jean-Paul Gaultier
französischer Modeschöpfer
geboren 1952 in Arcueil
(Frankreich)

Romeo Gigli
italienischer Modeschöpfer
geboren 1951
in Bologna

Eva Herzigova
tschechisches Model
geboren am 10. März 1973
in Litvinov
(Tschechien)

Hubert de Givenchy
französischer Modeschöpfer
geboren am 21. Februar 1927
in Beauvais

Tommy Hilfiger
amerikanischer Modeschöpfer
geboren 1952

Guccio Gucci
italienischer Modeschöpfer
geboren 1881
in Florenz
gestorben 1953

Iman
somalisches Model
geboren am 25. Juli 1955
in Mogadischu
(Somalia)

Daniel Hechter
Modeschöpfer
geboren 1938
im Libanon

Marc Jacobs
amerikanischer Modeschöpfer
geboren am 9. April 1963
in New York

Wolfgang Joop
deutscher Modeschöpfer
geboren am 18. November 1944
in Potsdam

Kenzo
(Kenzo Takada)
japanischer Modedesigner
geboren am 28. Februar 1940
in Himeji (Kyoto)

Milla Jovovich
ukrainisches Model
geboren am 17. Dezember 1975
in Kiew (Ukraine)

Calvin Klein
amerikanischer Modeschöpfer
geboren 1942
in New York

Donna Karan
amerikanische Modeschöpferin
geboren am 10. Februar 1948
in Forest Hills
(USA)

Heidi Klum
deutsches Model
geboren am 1. Juni 1973
in Bergisch Gladbach

Rei Kawakubo
japanische Designerin
geboren 1942
in Tokio

Christian Lacroix
französischer Modeschöpfer
geboren 1951
in Arles

Karl Lagerfeld
deutscher Couturier
geboren 1938
in Hamburg

Peter Lindbergh
deutscher Modefotograf
geboren 1945
in Duisburg

Jeanne Lanvin
französische Modeschöpferin
geboren 1867
gestorben 1946

Jennifer Lopez
puertoricanisches Model
geboren am 24. Juli 1970
in Puerto Rico

Ted Lapidus
französischer Modeschöpfer
geboren 1929
in Paris

Elle MacPherson
australisches Model
geboren am 29. März 1964
in Sydney

Ralph Lauren
(Ralph Lifshitz)
amerikanischer Modeschöpfer
geboren 1939
in New York

Alexander McQueen
britischer Modeschöpfer
geboren 1970
in London

Steven Meisel
amerikanischer Modefotograf
geboren 1954
in New York

Popy Moreni
(Anna Lisa Moreni)
italienische Modeschöpferin
geboren am 3. Dezember 1947
in Turin

Issey Miyake
japanischer Modeschöpfer
geboren im August 1945
in Hiroshima

Hanae Mori
japanische Modeschöpferin
geboren 1926
in Shimane (Japan)

Jean-Baptiste Mondino
französischer Modefotograf
geboren am 21. Juli 1949
in Aubervilliers
(Frankreich)

Kate Moss
britisches Model
geboren am 16. Januar 1974
in London

Claude Montana
französischer Modeschöpfer
geboren 1949
in Paris

Thierry Mugler
französischer Modeschöpfer
geboren 1948
in Straßburg

Karen Mulder
niederländisches Model
geboren 1968
in Vlaardingen (Niederlande)

Miuccia Prada
italienische Modeschöpferin
geboren 1950

François Nars
Visagist und Stylist
geboren
in Frankreich

Emilio Pucci
(Marchese Emilio Pucci
di Bariento)
italienischer Couturier
geboren 1914
gestorben 1992

Helmut Newton
ursprünglich Helmut Neustädter
australischer Modefotograf
geboren am 31. Oktober 1920
in Berlin
gestorben am 23. Januar 2004
in Los Angeles

Paco Rabanne
eigentlich Francisco
Rabaneda-Cuervo
spanisch-französischer
Modeschöpfer
geboren am 18. Februar 1934
bei San Sebastián (Baskenland)

Rifat Ozbek
türkischer Designer
geboren 1953
in Istanbul

Nina Ricci
(Maria Nielli)
geboren 1883
in Turin
gestorben 1970

Rebecca Romijn
amerikanisches Model
geboren am 6. November 1972
in Berkeley
(Kalifornien)

Martine Sitbon
Modeschöpferin
geboren 1951
in Casablanca
Marokko)

Sonia Rykiel
französische
Modeschöpferin
geboren 1947

Anna Sui
chinesisch-amerikanische
Designerin
geboren 1955
in Detroit

Yves Saint-Laurent
(Henri Donat Mathieu)
französischer Modeschöpfer
geboren am 1. August 1936
in Oran (Algerien)
gestorben am 1. Juni 2008
in Paris

Stella Tennant
britisches Model
geboren 1971

Stephanie Seymour
amerikanisches Model
geboren am 23. Juli 1968
in San Diego
(Kalifornien)

Mario Testino
peruanischer Modefotograf
geboren 1954
in Lima
(Peru)

Nicola Trussardi
italienischer Modeschöpfer
geboren am 17. Juni 1942
in Bergamo
gestorben am 15. April 1999
in Mailand

Gianni Versace
italienischer Modeschöpfer
geboren am 2. Dezember 1946
in Reggio Calabria (Italien)
gestorben am 15. Juli 1997
in Miami Beach (Florida)

Christy Turlington
amerikanisches Modell
geboren am 2. Januar 1969
in San Francisco

Diana Vreeland
amerikanische Modejournalistin
und Modeschöpferin
geboren um 1903
gestorben am 22. August 1989

Emanuel Ungaro
französischer Modeschöpfer
geboren 1933
in Aix-en-Provence

Junya Watanabe
japanischer Designer
geboren 1961
in Japan

Valentino
(Valentino Garavani)
italienischer Modeschöpfer
geboren am 11. Mai 1932
in Voghera (Italien)

Bruce Weber
amerikanischer Modefotograf
geboren 1946
in Greensburg
(Pennsylvania)

Yohij Yamamoto
japanischer Modeschöpfer
geboren 1943
in Tokio

Valentin Yudashkin
russischer Modeschöpfer
geboren 1963
bei Moskau

MEILENSTEINE
DER MODEGESCHICHTE

Vor mehr als 1 Million Jahren: Frühmenschen tragen die ersten Kleidungsstücke.

Vor mehr als 29000 Jahren: Kunstwerke aus der Kulturstufe des Aurignacien verraten, dass die damaligen Jäger und Sammler im Sommer unter anderem einen Lendenschurz tragen.

Vor mehr als 21000 Jahren: Nach Kunstwerken aus der Kulturstufe des Gravettien zu schließen trägt man damals bereits Kopfbedeckungen, Jacken, Hosen, Gürtel und Schuhe.

Um 7000 v. Chr.: Die Angehörigen der so genannten „Desert Culture" („Wüsten-Kultur") in Nordamerika tragen geflochtene Sandalen aus Binsen, Gras oder Salbei.

Um 5500 v. Chr.: Die Ackerbauern und Viehzüchter der Linien-bandkeramischen Kultur tragen Kleidungsstücke aus Schafwolle oder Lein.

Um 4000 v. Chr: Die Menschen in Süddeutschland tragen spitzhutartige Kopfbedeckungen aus Vlies und mantelartige Umhänge aus Bast.

Um 2500 v. Chr.: Beamte und Würdenträger im alten Ägypten tragen weiße Leinenschützen und Mäntel.

Um 1200 v. Chr.: Die Männer in der nordischen Bronzezeit in Dänemark und Schleswig-Holstein tragen Mützen, Mäntel, Kittel, Wadenbinden und Schuhe, die Frauen Mäntel, Blusen im Kimonoschnitt, knöchellange Wickelröcke und Gürtel.

Um 1880: Der Büstenhalter – kurz „BH" genannt – gibt sein Debüt

73

1891: Der böhmische Industrielle Hugo Schindler erhält das Patent für ein „Brustleibchen". Bei dieser Neuschöpfung handelt es sich um einen der ersten Büstenhalter.

1895: Der Erfinder der Haute Couture, Charles Frederick Worth (1825–1895), stirbt in Paris.

Um 1900: Die Sanduhrsilhouette wird von der S-Form abgelöst. Busen und Po werden teilweise durch Kissen zusätzlich betont.

1910: Der enge Schnitt des so genannten Humpelrocks von Paul Poiret erlaubt den Frauen nur kleine Schritte.

1912: Der deutsche Kaufmann Sigmund Lindauer aus Cannstatt erhält das Patent für den „Hautana-Brusthalter", der ohne Versteifung auf der Haut getragen werden kann.

1920–1930: Weit geschnittene Hängerkleidchen ignorieren die weibliche Silhouette. Die Haare der Frauen werden kürzer, die Säume rutschen hoch. Knabenhaftigkeit ist aktuell.

1938: Ein Chemiker der IG Farben in Deutschland erfindet das Perlon.

1939: Die ersten Nylon-Strümpfe werden angeboten.

1946: Der französische Modeschöpfer Louis Réard präsentiert am 5. Juni den Bikini.

1947: Der Pariser Couturier Christian Dior (1905–1957) kreiert den „New Look" mit weit schwingenden Röcken. Von Dior stammt auch die „Bleistift-Linie" mit enger Silhouette.

1949: In Franken werden unter dem Namen „Röhrle" die ersten Jeans „Made in Germany" hergestellt. Diese später in „Mustang"-Jeans umbenannte Hose ist die erste Denim aus deutscher Produktion.

1950: Perlon kommt auf den Markt.

1954: Männer tragen die ersten Bermuda-Shorts, später auch die Damen.

1961: Jacqueline Kennedy (1929–1994) trägt bei der Amtseinführung ihres Mannes John F.

Kennedy als amerikanischer Präsident den „Pillbox-Hut" von Halston und löst damit einen neuen Modetrend aus.

1964: Der amerikanische Designer Rudi Gernreich schockiert mit dem „Oben-ohne"-Badeanzug die Welt.

1965/1966: Die Modeschöpfer Mary Quant (England) und André Courèges (Frankreich) lösen den Modetrend zum Minirock aus.

1968: Der Pariser Couturier Yves Saint-Laurent erregt mit einer transparenten Bluse großes Aufsehen.

1970–1980: Die Rocklängen variieren von Mini über Midi bis Maxi.

1979: Designer-Jeans kommen in Mode.

1982: Rudi Gernreich präsentiert den „Pubikini", der über so wenig Stoff verfügt, dass er ungewöhnliche Einblicke ermöglicht.

1985: Die britische Modeschöpferin Vivienne Westwood kreiert den „Mini-Crini"-Rock, der von viktorianischen Krinolinen inspiriert ist.

1990–2000: Die Damenmode nähert sich dem Stil der Herren mit puristischen Hosenanzügen.

LITERATURVERZEICHNIS

MODE

CHANEL, Coco: Chanel, München 1996
CHARLES-ROUX, Edmonde: Coco Chanel. Ein Leben, Frankfurt am Main 1990
DER SPIEGEL: Personalien. Naomi Campbell, 12. September 1994, S. 250, Hamburg
HAEDRICH, Marcel: Coco Chanel. Eine Nahaufnahme, Berlin 1989
JACOBI, Claus: Wie viel ist Jil Sander wert? Vor 32 Jahren eröffnete Jil Sander ihre erste Boutique. Letztes Jahr machte sie 220 Millionen Mark Umsatz. Morgen räumt sie den Chefsessel ihrer Firma. Welt am Sonntag, S. 15, 30. Januar 2000, Hamburg
LUTZ, Sigrin: Noble Klamotten mit Seele. Deutschlands bekannteste Modeschöpferin Jil Sander wird 50. Stuttgarter Zeitung, 24. November 1993, Stuttgart

MADSEN, Axel: Chanel. Die Geschichte einer einzigartigen Frau, Bergisch-Gladbach 1994
MOREL, Paul / CHANEL, Coco: Die Kunst, Chanel zu sein. Gespräche mit Coco Chanel, München 1998
MULVAGH, Jane: Die Lady ist ein Punk, München 1999
SAHNER, Paul: Das schönste Lächeln der Welt. Keine persönlichen Fragen, bitte! Wie man Linda Evangelista trotzdem dazu bringt, über den wichtigsten Menschen in ihrem Leben zu sprechen. Eine Kultfigur über sich selbst. Elle, 1. November 1996, München
SCHIAPARELLI, Elsa: Elsa Schiaparelli, München 1977
SCHIFFER, Claudia: Claudia Schiffer „ganz privat", München o. J.
STUTTGARTER ZEITUNG: Twiggy: Teurer Kleiderständer, 30. Dezember 1967, Stuttgart
SÜDDEUTSCHE ZEITUNG:

Die Einfälle der Schiaparelli, 15. Dezember 1973, München WALLACH; Janet: Coco Chanel. Eleganz und Erfolg ihres Lebens, Hamburg 1999 ZILKOWSKI, Katharina: Coco Chanel. „Le style c'est moi", München 1998

4. September 1999, Mainz PROBST, Ernst: Deutschland in der Steinzeit, München 1991 PROBST, Ernst: Rekorde der Urzeit, München 1992 PROBST, Ernst: Deutschland in der Bronzezeit, München 1996 PROBST, Ernst: Rekorde der Urmenschen, München 2008

KOSMETIK

BURCHARD, Doris: Der Kampf um die Schönheit. Helena Rubinstein, Elizabeth Arden, Estee Lauder. Frankfurt am Main 1999
NEUBAUER, Franz-Friedrich: Geschäft mit der Schönheit. Zum Tode Elizabeth Ardens. Frankfurter Allgemeine Zeitung, 5. November 1966, Frankfurt am Main
TOTH, Ingeborg: Ihr Leben für die Schönheit. Helena Rubinstein. Allgemeine Zeitung, Wochenend-Journal, 16. März 1983, Mainz

MEILENSTEINE
DER MODEGESCHICHTE

FEHRMANN, Britta: Meilensteine der Modegeschichte. Allgemeine Zeitung, Journal, S. 5,

DER AUTOR

Ernst Probst, geboren am 20. Januar 1946 in Neunburg vorm Wald im bayerischen Regierungsbezirk Oberpfalz, ist Journalist und Wissenschaftsautor. Er arbeitete von 1968 bis 1971 als Redakteur bei den „Nürnberger Nachrichten", von 1971 bis 1973 in der Zentralredaktion des „Ring Nordbayerischer Tageszeitungen" in Bayreuth und von 1973 bis 2001 bei der „Allgemeinen Zeitung", Mainz. In seiner Freizeit schrieb er Artikel für die „Frankfurter Allgemeine Zeitung", „Süddeutsche Zeitung", „Die Welt", „Frankfurter Rundschau", „Neue Zürcher Zeitung", „Tages-Anzeiger", Zürich, „Salzburger Nachrichten", „Die Zeit", „Rheinischer Merkur", „Deutsches Allgemeines Sonntagsblatt", „bild der wissenschaft", „kosmos", „Deutsche Presse-Agentur" (dpa), „Associated Press" (AP) und den „Deutschen Forschungsdienst" (df). Aus seiner Feder stammen die Bücher „Deutschland in der Urzeit" (1986), „Deutschland in der Steinzeit" (1991), „Rekorde der Urzeit" (1992), „Dinosaurier in Deutschland" (1993 zusammen mit Raymund Windolf) und „Deutschland in der Bronzezeit" (1996). Ab 2000 veröffentlichte er eine 14-bändige Taschenbuchreihe über berühmte Frauen. Von 2001 bis 2006 betätigte sich Ernst Probst als Buchverleger.

SUPERFRAUEN-TASCHENBÜCHER

Die Taschenbuchreihe „Superfrauen" von Ernst Probst
umfasst folgende Titel:

Superfrauen 1 – Geschichte
Superfrauen 2 – Religion
Superfrauen 3 – Politik
Superfrauen 4 – Wirtschaft und Verkehr
Superfrauen 5 – Wissenschaft
Superfrauen 6 – Medizin
Superfrauen 7 – Film und Theater
Superfrauen 8 – Literatur
Superfrauen 9 – Malerei und Fotografie
Superfrauen 10 – Musik und Tanz
Superfrauen 11 – Feminismus und Familie
Superfrauen 12 – Sport
Superfrauen 13 – Mode und Kosmetik
Superfrauen 14 – Medien und Astrologie

Bestellungen bei www.grin.de und www.libri.de

BÜCHER VON ERNST PROBST

Königinnen des Tanzes
Königinnen der Lüfte
Der Schwarze Peter. Ein Räuber im Hunsrück und Odenwald
Superfrauen aus dem Wilden Westen
Monstern auf der Spur. Wie die Sagen über Drachen, Riesen und Einhörner entstanden
Affenmenschen. Von Bigfoot bis zum Yeti
Seeungeheuer. Von Nessie bis zum Zuiyo-maru-Monster
Rekorde der Urzeit. Landschaften, Pflanzen und Tiere
Rekorde der Urmenschen. Erfindungen, Kunst und Religion
Archaeopteryx. Der Urvogel aus Bayern
Der Ur-Rhein. Rheinhessen vor zehn Millionen Jahren
Höhlenlöwen. Raubkatzen im Eiszeitalter
Säbelzahnkatzen. Von Machairodus bis zu Smilodon

Meine Worte sind wie die Sterne. Die Rede des Häuptlings Seattle und andere indianische Weisheiten (zusammen mit Sonja Probst)

Bestellungen bei www.grin.de und www.libri.de